V. Jürgen + Dnita
zum 83. Geb.

hanserblau

Susanne Schmidt

PLEASE LEAVE THE BUS HIER

**Ein Bus, 26 Haltestellen,
eine Berlinerin erzählt**

hanserblau

1. Auflage 2023

ISBN 978-3-446-27743-4
© 2023 hanserblau
in der Carl Hanser Verlag GmbH & Co. KG, München
Fotografien: © Susanne Schmidt
Umschlag: FAVORITBUERO, München
Motive: Shutterstock.com / © alazur; © Bardocz Peter
Satz im Verlag
Druck und Bindung: CPI books, Leck
Printed in Germany

MIX
Papier | Fördert
gute Waldnutzung
FSC® C083411
FSC
www.fsc.org

nahebei

das Archiv der Wünsche kennt weder Mode noch Moral
Fenster und Türen stehen weit offen
in allen Zwischenräumen wächst Löwenzahn
Tauben lassen Pläne fallen
Wasser sammelt sich in Mulden

Es gibt immer einen Bus, der mich zu dir fährt.

»ALLE EINSTEIGEN!«

Dieses Buch ist wie die Stadt: verworren, überraschend, verrückt, unvollständig. Im Mittelpunkt stehen immer die Menschen in Berlin, ganz egal, ob sie ein paar Tage zu Besuch sind oder seit Jahrzehnten hier leben. Sie sind alle so liebenswert, so eigen, urkomisch oft. Sie sind zum Staunen und zum Wegrennen. Sie machen diese Stadt aus, füllen die Straßen mit prallem Leben, lärmen die Nächte durch, sie verändern und bewahren. Sie scheren sich einen Dreck um Verkehrsregeln und Höflichkeit. Sie mischen sich ein, kümmern sich um verwaiste Tiere, Blumenbeete, Vogelnester. Sie schenken traurigen Männern, Frauen, Kindern mindestens ein Lächeln, oft ein offenes Ohr. Sie lachen über sich wie über andere, sie schimpfen, lamentieren und sind immer in Bewegung. Wie die Stadt.

In welches System, welche Ordnung könnte ich die folgenden Seiten bringen, wo ich doch gerade den Charme der Berliner Unordnung so liebe? Welche Inhaltsangaben könnte ich schreiben für Sie, die Leserinnen und Leser, die meine Neugier teilen?

Ich will nicht regeln, nicht sortieren. Ich lade Sie ein, mitzukommen, durch Zeit und Stadt zu schlendern, ziellos, arglos, ohne Netz und doppelten Boden. Wir brauchen nur ein gültiges Ticket für die BVG.

Es gibt 6589 Bushaltestellen der Berliner Verkehrsbetriebe (BVG). Eine Auswahl der Route fällt schwer, ist aber unbedingt nötig:

Unsere Fahrt beginnt und endet an den Bushaltestellen der Linie M19. Dieser Bus fährt uns von Kreuzberg durch Schöneberg und Charlottenburg bis nach Grunewald und zurück. Es ist eine ganz durchschnittliche Linie. Und doch birgt jede Haltestelle Schatztruhen voller unverwechselbarer Besonderheiten, an Geschichten und Geschichte, an großen und auch an nicht so großen Gefühlen. Mit jedem Schritt aus den Mitteltüren tauchen wir ein ins Leben. Alle fünf Sinne ziehen uns durch die Straßen, über die Plätze, in die Häuser. Wir stolpern vom Damals ins Heute, fliegen ins Morgen, bleiben im Gestern kleben, überqueren das Hier und ruhen aus im Jetzt.

Eigentlich wollte ich ganz übersichtlich und anständig nach und nach ein- und aussteigen und jeweils berichten, was war, ist, sein wird. Doch genau das lässt die Stadt nicht zu. Es gibt kein einziges Geradeaus und sehr wenige Anfänge mit einem Schluss. Ich fahre kreuz und quer mit den Bussen durch die Stadt und verlasse manchmal sogar die ganze Linie, denn es gibt so viel zu sehen und zu fühlen. Diese Umwege gehören dazu.

Um uns nicht ganz aus den Augen zu verlieren, notiere ich gewissenhaft, welcher Bus mich wohin gebracht hat. Meine Hoffnung ist dabei, vielleicht gerade durch diese Verwirrung, dieses Übereinander an Orten und Zeiten und Bussen eine zuverlässige Gültigkeit des Großstadtlebens zu erfinden. So wie aus Musik, Romanen und Kunst eine Mahlzeit entsteht für uns, die wir hungrig nach Sinnlichkeit und Gefühlen sind, könnte am Ende eine Geschichte gelesen worden sein, die aus lauter Einzelstücken ein Bewusstsein zusammenfügt.

Oder dass wenigstens eine Lust erwacht, mit dem nächsten Bus zu fahren. Sich hineinzubegeben in das Schaukeln und Quietschen, in die Gerüche und Begegnungen, die das Leben im Bus ausmachen.

Nirgends ist die Bereitschaft der Stadtbevölkerung, richtig laut zu sagen, was Sache ist, freimütiger.

Der Bus ist unser gesellschaftlicher Reichtum, er befördert unbesehen alle Menschen gleich. Im Bus gibt es nur wenige Regeln. Die wichtigste ist, gegenseitige Rücksichtnahme zu üben. Nirgendwo funktioniert das direkter und beständiger als im Gedränge eines überfüllten Busses. Man rutscht zusammen, zieht den Bauch ein, kommt Unbekannten viel zu nah, lernt Parfums und Aftershaves kennen, tritt sich auf die Füße. Niemand regelt das Zusammensein im Bus, und doch regelt es sich immer wieder neu.

An jeder Haltestelle ändert sich die bunte Mischung. Nirgendwo sonst ist demokratisches Verhalten unverfälschter als hier.

Die sprichwörtliche Berliner Laune, vor der oft gewarnt und berichtet wird, erklärt sich im Bus und an den Haltestellen fast von selbst. Wer sich das Wohnzimmer mit knapp vier Millionen Menschen teilt, achtet anders auf die Dinge. Da wird gemeckert und geschimpft, wo andere nur mit den Schultern zucken. Da wird aber auch bestärkt, gelacht und unterstützt. Und spätestens, wenn der Bus kommt, ist der gröbste Ärger vergeben und vergessen.

Das Staunen über diese ununterbrochene gesellschaftliche Leistung hört nie auf. Der öffentliche Personennahverkehr (ÖPNV) und insbesondere der Bus ist in aller Selbstverständlichkeit der schönste Beweis, wie gut unsere Stadt funktioniert.

Ich kann nicht genug bekommen von diesem Durcheinander, dem Gedrängel und Platzmachen, dem Sehen und Hören, den Begegnungen im Takt der Haltestellen.

Dieses Buch erklärt die Großstadt nicht. Es existiert aus reiner, unstillbarer Lust am Sein und am Dasein. Und am Busfahren.

Vertrauen Sie mir, ich war Busfahrerin.

DEZEMBER

Mit und mit ohne Corona

M19 – Mehringdamm/Kreuzberg

D er M19 beginnt und endet an der riesigen Kreuzung Yorckstraße, Mehringdamm, Gneisenaustraße. Hier gibt es alles, was man von einer Großstadt erwarten darf. In Sichtweite buhlen dreiundzwanzig Restaurants und Imbisse mit Köstlichkeiten aus aller Welt um Kundschaft. Die legendäre Pommesbude bietet neben Currywurst und Ketchup einzigartige Gespräche zwischen Berliner Originalen, echten und gewollten Berühmtheiten, ehrenwerten Berüchtigten, den üblichen Verdächtigen und Touristen. Jede Begegnung mit den Verkäuferinnen und Verkäufern ist ein Erlebnis, sie sind unbeschreiblich freundlich, sagenhaft direkt.

Wenige Schritte weiter stehen Tag und Nacht Menschen in langen Schlangen vor dem begehrtesten Gemüsedöner der Stadt. Für sie gehört das Anstehen um einen Döner zum Spaß, den man unbedingt erlebt haben muss. Wie faszinierend ist gerade diese ausgesuchte Langeweile, die nirgendwo sonst freiwillig und abenteuerlich verstanden wird.

Es gibt ein großes Hostel für Schulklassen und Reisende, ein traditionsreiches Berliner Kabarett-Theater (BKA) im fünften Stock, einen Bierhimmel für trunkene Stunden, Tage, Wochen, eine Erotik-Bar im alten Stil mit Tabledance, ein Beerdigungsinstitut, eine sehenswerte Kirche, etliche Klubs und Räume, die Sehnsüchte stillen und Pläne ermöglichen. Und ein paar Banken. In unmittelbarer Nähe liegt ein alter Friedhof. Cafés und kleine Bars in Kellerräumen oder im Hochparterre bieten Kaffee oder Bier, Kuchen oder kleine Speisen.

Es gibt alte und neue Ladengeschäfte, Buchhandlungen, Büros, Arztpraxen, Hinterhofidylle, Kinos, Supermärkte, Wohnungen, Kinderbetreuung und so vieles mehr. Jedes Bedürfnis wird nah, laut und heftig gestillt. Man könnte ein ganzes Leben hier verbringen, und es gibt Menschen, die genau das tun.

Für viele Stadtbesucher ist das ein Ausnahmezustand, den sie lange ersehnt haben und von dem sie noch länger schwärmen: die ganze schöne, wilde Großstadt in einem kleinen Radius, für den es trotzdem ungezählte Tage und Nächte braucht, um wirklich alles zu erkunden, auch die private Kellerkneipe im dritten Hinterhof.

Heute allerdings ist es still und dunkel, alles hat geschlossen, es sind kaum Fußgänger oder Fahrradfahrerinnen unterwegs. Die Pandemie beherrscht uns mehr, als wir jemals für möglich gehalten hätten. Meinen Bus habe ich verpasst und treibe während der Wartezeit auf den nächsten in Gedanken verloren über die breite Straße. Ein später Winternachmittag vergeht im Feierabendverkehr.

Und weil es wirklich nichts zu sehen und zu hören gibt, überquere ich die laute Straße bis zur winzigen Mittelinsel. Sie dient dem Schutz vor Unfällen rund um den Lichtmast und einigen Ampeln. Dieses Pflaster habe ich nie zuvor betreten, es ist allein die Pandemie, die mich, wie so viele, auf unbekanntes Terrain führt. Rund um das Eiland verbiegen sich die vielspurigen Straßen.

Ich lehne am dicken Laternenmast und schaue. Im Rhythmus der Ampelschaltungen fahren die Autos linksherum, rechtsherum, geradeaus. Ein Großstadtballett auf schnellen Reifen.

Es ist ein ungewöhnlich schöner Blick. In Touristenführern könnte diese winzige Mittelinsel als besonders sehenswerter Ort gekennzeichnet werden. Ein Fleckchen Illusion inmitten des Verkehrsflusses.

Ich schaue und schaue. Die roten Lichter der Autos links mischen sich mit den weißen Lichtern rechts, alle weiteren Farben verschwinden in der Abwechslung. Es braust und hupt und rast die Stadt im Kreis, dreht sich im Rot-Gelb-Grün der Ampeln, fährt, steht, holt ganz kurz Luft.

Überwältigt von so viel Verkehr hocke ich mich hin, den Laternenmast als festen Leuchtturm im Rücken. Die veränderte Perspektive ist sofort hässlich. Stoßstangen, Auspufftöpfe, Reifen, Lärm, Staub und Abgase mischen sich hier unten zu einem gefährlichen Cocktail. Hastig stehe ich auf, umrunde die Insel, eine Hand immer an der Laterne, auf der Suche nach einem sicheren Überweg zum Bürgersteig.

Nach langen Minuten endlich eine Lücke. Hupen begleiten meine Schritte. Die Gebietsrechte sind klar verteilt: Eine Fußgängerin hat hier nichts zu suchen! Aus der Harmonie des Feierabendverkehrs wird für Sekunden eine kläffende, wütende Meute: »Weg hier, hau ab, die Straße gehört uns.«

Es ist zu dunkel, um Gesichter hinter den Windschutzscheiben zu erkennen. Für einen Moment fühle ich die Einsamkeit der Pandemie mit voller Wucht, dabei ist jetzt keine Zeit für Gefühle. Zwischen den Stoßstangen Haken schlagend überquere ich die Fahrbahnen und atme erleichtert auf, als ich auf dem grünen Mittelstreifen stehe.

Hier wohnt manchmal ein Mensch, in der Mitte des Lärms. Sein Zuhause sind ein paar dicke Pappen, eine alte Matratze und viele Kleinigkeiten, die in den Augen der meisten einfach leere Flaschen, Büchsen, Dosen, Plastikschachteln, verbogene Blechteile, verlorene Zettel, Bindfäden sind. Was mag er sehen, wenn er seine paar verstreuten Habseligkeiten betrachtet? Was mag er träumen unter seiner Decke?

Dieser Mittelstreifen ist ein unsichtbarer Ort, obwohl täglich

Tausende Menschen genau hier entlangkommen. Das kurze Warten schafft keine Blicke, man steht unruhig und will nur weiter. Die Zeit bekommt keine Aufmerksamkeit, sie soll nur möglichst schnell vergehen. Und vielleicht sind solche Plätze eben deshalb auch Schlafzimmer für Menschen ohne Wohnung.

Ein Rettungswagen rast über die Kreuzung, ein zweiter folgt. Ihre Sirenen heulen weit. Der Abend verfliegt mit kaltem Wind in die Nacht. Die wenigen Passanten ziehen sich noch ein bisschen tiefer in ihre Kapuzen und Schals zurück. Es ist Dezember, der Monat, den man am liebsten Geschichten erzählend bei Kerzenlicht verbringt.

Mir wird es nun doch unheimlich in diesem vom Virus erzwungenen Vakuum. Hoffentlich kommt gleich der M19. Selbst in tiefster Dunkelheit leuchtet das Gelb. Der Bus trägt Licht durch die Nacht

und erfüllt bei jedem Halt das Versprechen:»Steige ein, du bist will-kommen, hier ist es warm, hell und sicher. Auch für dich habe ich ein Plätzchen frei.« Schlafen und Wachen werden eins, das Leben rumpelt mit uns durch die Nacht.

Ich haste an die Haltestelle, ziehe noch im Laufen die Gummis der FFP2-Maske um die Ohren, rufe dem Busfahrer»Guten Abend« zu und klettere hoch in den oberen Stock.

Hier bin ich ganz alleine, aber das Rumpeln und Rattern des Dop-peldeckers tröstet. Erschöpft lasse ich mich bis nach Hause kut-schieren. Mit ein paar freundlichen Worten verabschiede ich mich vom Busfahrer und winke dem Gespann noch lange hinterher.

JANUAR

Anfang und Veränderung

M19 – Mehringdamm / Bülowstraße /
Kurfürstendamm / Europa-Center

An Silvester herrscht normalerweise Ausnahmezustand. Mit Beginn des Feuerwerkverkaufs versinkt die Stadt in einer Wolke aus Euphorie und Angst. Wer Berlin kennt, ist in diesen Tagen ständig auf der Hut, denn die voreiligen Knallkörper können aus allen Richtungen kommen, werden aus Fenstern geworfen, in U-Bahn-Eingänge oder in die sich schließenden S-Bahn-Wagen. Wer kann, fährt irgendwo anders hin. Wer nicht kann, trägt Mützen, Ohrenschützer oder Regenschirme. Alle anderen genießen diese wilden Tage und Nächte zwischen den Jahren.

Berlin ist kaum wiederzuerkennen – die Bürgersteige sind voller brandgefährlicher Kartons, denn Feuerwerk darf an jeder Ecke verkauft werden, und normal gültige Regeln der Rücksichtnahme werden vor, zu und nach Silvester Nebensache. Die Lust auf ein bisschen allgemein anerkannte Anarchie ist groß.

Die Silvesternacht selbst gleicht einer rauschenden Orgie.

Nur eine Sorge stört: »Bin ich wirklich auf der angesagtesten Party des Jahres?«

Nach den ersten Getränken, Küssen, Tänzen, nach den ersten Griffen zum Nudelsalat oder den Austern, der zweiten vielleicht oder doch nicht veganen Bulette kommen die Zweifel. Die Gefahr rüttelt an allen Champagnerflöten, nur durch das Feiern im falschen Haus nicht mehr dazuzugehören im neuen Jahr, die Drohung, das Highlight dieser Nacht zu verpassen. Die Angst davor, zu feiern und doch den größten Spaß zu verpassen, den einen Moment nicht mitzuerleben und noch Jahre später davon erzählt zu bekommen, dass man nicht dabei war.

Tausendfach werden ähnliche Sätze gesprochen, so verlegen wie zielstrebig:

»Ach, weißt du eigentlich, wie schön du heute bist und wie froh ich über deine Einladung bin? Nächstes Jahr feiern wir bei mir, und du bist dann mein Ehrengast. Aber heute muss ich leider jetzt gleich los.«

»Es war wirklich ganz toll hier mit dir und dir und dir. Mit euch allen! Aber James und Johannes warten schon auf mich, ich musste ihnen schwören, sie zu besuchen, noch im alten Jahr, sonst sprechen sie nie wieder ein Wort mit mir.«

»Verpeilt wie ich bin, habe ich Kim und Leander fest versprochen, noch vorbeizukommen, und ihr seid mir doch nicht böse, oder, wenn ich schon verschwinde?«

»Rutscht gut rein, wir sehen uns im nächsten Jahr, tschüsschen mit Küsschen, ihr Lieben. Es war schön hier. Wir sehen uns im neuen Jahr!«

»Ich würde liebend gern noch bleiben, aber jetzt muss ich wirklich los!«

Und runter die Treppen auf die Straße in der Hoffnung, ein Taxi zu erwischen oder wenigstens irgendeine schnelle Mitfahrgelegenheit.

Auf den Straßen ist längst jede Zurückhaltung passé. Es ist diese eine Nacht, die alles erfüllen muss. Freie Taxis sind Mangelware.

Der Frust, warten zu müssen, ist riesig, denn die Zeit steht nicht still, egal, wer du bist. Silvester ist plötzlich sehr stressig. Zum Glück haben die Spätis auf, ein kaltes Bier und ein Schokoriegel beruhigen für einen Moment.

Und dann kommt zwischen Böller- und Raketenrauch ein gelbes Licht angerattert, hält und öffnet alle Türen.

In der Silvesternacht gibt es kein besseres Verkehrsmittel als den Bus. Dicht gedrängt stehen und sitzen die Fahrgäste, schwenken Sekt- oder Bierflaschen, singen, grölen, kommen sich schnell näher, tauschen kleine Küsse und Getränke, machen sich blaue Flecken und laute Beschimpfungen.

Wer mit lachendem Gesicht einsteigt, wird mit übermütigem Jubel begrüßt. Eine abenteuerliche Fahrt durch die lauteste Nacht des Jahres beginnt. Spätestens ab 23 Uhr ist alles außer Rand und Band, Leute tanzen mitten auf den großen Kreuzungen, die Luft wird immer dicker, und mit jeder weiteren Ladung Böller aus China oder Polen wird die Sicht schlechter.

Bald schon kann man die Häuser auf der gegenüberliegenden Seite nicht mehr sehen. Menschen tauchen auf und verschwinden im Nebel der Raketen. Lichter sprenkeln den bedeckten Himmel, ein verirrter Superheuler erschreckt selbst die abgebrühten jungen Männer.

Der Busfahrer behält die Nerven und schleicht im Schritttempo von ungefährer Haltestelle zu ungefährer Haltestelle. Er muffelt dabei gerne vor sich hin und freut sich innerlich über den Feiertagslohn und die frechen Blicke und Sprüche der Damen und Herren.

Am Brandenburger Tor steigt die größte Silvesterparty des Landes. Hunderttausende Gäste aus aller Welt reisen extra an, um die außergewöhnliche Atmosphäre zwischen Livemusik und Moderation, Bratwurst und Falafel, Bier und Champagner im Gedränge mitzuerleben. Sie lieben dieses atemlose Durcheinander unter freiem Himmel, umgeben von den Bäumen und Wiesen des Tiergartens. Sie lieben den wohligen Schauer dieser unvorhersehbaren Stunden und erzählen zu Hause begeistert von ihren Fahrten in den verkehrten Bussen, der Freundlichkeit der anderen.

Je später der Abend, umso sorgloser wird die Stimmung unterwegs. »Feiern kannste überall, wo's was zu trinken gibt. Und Musik!«, sagt sich der angesäuselte Berliner und hält sich an der Mitteltür fest. Luftschlangen und Liederfetzen wehen über die Sitze, und auf den Stehplätzen wird geschunkelt. In den langen Schlenkerbussen tanzen die Fahrgäste schon mal die engste Polonaise des Abends und fahren einfach bis irgendwohin, wo es ihnen lustig genug erscheint, um auszusteigen. Auf das eigentliche Ziel kommt es gar nicht so genau an, sobald gleichgesinnte Menschen aufeinandertreffen. Auf den hinteren Plätzen schlafen manche ihren ersten Rausch kurz aus, um an der Endhaltestelle ins Gebüsch zu pinkeln und erleichtert in den nächsten Bus zu springen. Es ist so einfach, sich für eine Nacht zu verlieren und später aufzuwachen, ohne zu wissen, ob man etwas verpasst oder im Zentrum des Vulkans alles miterlebt hat. Die Busse fahren schließlich zuverlässig die ganze Nacht lang durch.

So herrlich und schrecklich ist es normalerweise.

Diesmal aber liegt Silvester in einer schweren Welt. Die Pandemie zerstört seit langen Monaten Leben und Alltag; das Virus trägt den Tod in einer Häkeltasche aus Luftmaschen durch alle Länder, über alle Grenzen. Es teilt wahllos aus: Krankheit, Angst, Entsetzen, Sterben.

Die großen Feiern fallen erneut aus, um Ansteckungen zu vermeiden. Das Feuerwerk fällt auch ins Wasser: Es gibt keinen Verkauf in Berlin, um Feuerwehr und Krankenhäuser zu entlasten. Im weiteren Umland sind die Regeln etwas anders. Aber insgesamt ist es sehr still, und die Straßen sind verlassen. Das neue Jahr wird höchstens in ganz kleinem Rahmen und vor allem privat begangen.

Viel zu feiern ist im zweiten Jahr der Pandemie nicht, viel zu hoffen umso mehr.

Die meisten bleiben zu Hause, gehen früh ins Bett, betrinken sich am Nachmittag, heulen zusammen in die Sofakissen und beschwören insgeheim alle guten Geister. Man kann frisch getestet ins Kino gehen und den Jahreswechsel dort mit einem Glas Sekt und einem ausgewählten Film angenehm verpassen. Man kann allein oder zu zweit auf die »Berliner Berge«, den Kreuzberg oder den Teufelsberg, klettern und auf eine winzige Stimmung und ein paar Raketen aus den Vorräten der letzten Jahre zählen.

Und man kann in den Bus steigen und sich einfach treiben lassen.

Ich verstaue eine kleine Flasche Sekt, packe Luftschlangen und Wunderkerzen dazu und gehe voller Neugier zur Haltestelle. Unterwegs entspanne ich nach ein paar Hundert Metern, denn es gibt kaum andere Menschen auf den Straßen, und vor allem zündet niemand Heuler oder Funkenteufel.

Die Haltestelle ist hell beleuchtet und leer. Hier fängt die Linie an, der Busfahrer steht mit seinem Doppeldecker ein paar Meter weiter weg und raucht mit Hingabe eine Pausenzigarette. Das alte Jahr hält noch vier Stunden. Es gibt keinen Grund zur Eile.

Dann steigt er umständlich ein, dreht den Zündschlüssel, fährt langsam vor und würdigt mich keines Blickes. Ich suche mir den besten Sitzplatz aus und starre aus dem Fenster. Mein Plan ist simpel: Ich steige spontan aus, schaue alles an und allem zu und warte danach auf den nächsten Bus. Einmal bis zur Endstation und zurück.

Worauf ich nicht vorbereitet bin: Es passiert nichts, die Straßen und Haltestellen sind dunkel und leer, zwar sitzen jetzt vier weitere Fahrgäste im Bus, aber die sind müde und still. Und weil das sehr langweilig ist, steige ich spontan an der nächsten Haltestelle aus. Ich laufe durch die dunkle Nacht, schaue in leere Fenster und geschlossene Geschäfte.

Hier ist die U-Bahn eine Hochbahn und rattert über dem Mittelstreifen an den Häusern vorbei. Ihre Waggons sind voller verlassenem Licht, nur wenige Menschen sitzen und stehen hinter den Fenstern. Es ist ein so seltsamer Spaziergang durch die fremde Stille. Ich höre den Sekt in meiner Tasche gluckern und suche den abnehmenden Mond vergeblich.

Weit vor mir endlich ein paar Menschen. Beim Näherkommen erkenne ich, es sind miteinander befreundete Jugendliche. Sie sind dunkel gekleidet mit tief ins Gesicht gezogenen Kapuzen. Sie rennen aufgeregt hin und her und johlen laut. Die ganze Gruppe hat Rucksäcke und sonstiges Zeug im finsteren Hauseingang hinter sich gelagert.

Die Situation verunsichert mich. An Silvester weiche ich jugendlichen Gruppen aus Erfahrung eher aus, als mitten durch sie zu gehen.

Hier sind nur sie und ich, und ihre Stimmung dort, noch etwa 100 Meter vor mir, ist nicht einzuschätzen. Sind sie aggressiv, wütend, im Rausch irgendwelcher Drogen? Ausweichen geht auch nicht, und zurück will ich nicht. Meine Schritte werden immer kleiner.

Plötzlich bewegt eine große Aufregung die ganze Gruppe, es ist kein Grund zu erkennen. Eine U-Bahn kommt, rauscht vorbei und wirft ihr streifiges Licht auf die dunklen Häuser. Und jetzt sehe und höre ich es.

Die Jugendlichen schießen Böller auf die Waggons, johlen bei jedem Treffer, zünden neue Knaller und versuchen, sich gegenseitig zu übertreffen. Es sind besonders laute Kanonenschläge. Jeder Knall lässt die Luft und auch die Fensterscheiben erzittern. Alles dauert nur wenige Sekunden, denn die U-Bahn ist schnell außer Reichweite. Aber die Frontlichter der nächsten sind schon zu sehen.

Trotz aller Langsamkeit bin ich mittlerweile kurz vor den Jungs, versuche, ganz unauffällig zu sein.

»Halt mal, stopp!«, ruft plötzlich einer.

»Wart mal kurz«, brüllt ein anderer.

Mein Herz bleibt fast stehen. Ich zwinge mich weiterzuschlendern. Ein leerer Bus fährt an uns vorbei. Die U-Bahn ist kurz vor Wurfweite.

Trifft man auf Bären in der Wildnis, soll man sich totstellen, um nicht gebissen zu werden, fällt mir ein. »Ich bin gar nicht da und eh gleich wieder weg«, beschwöre ich innerlich die Anführer. Es scheinen allerdings alles Anführer zu sein, heutzutage sind Jugendliche oft sehr viel demokratischer organisiert.

Alle gucken mich jetzt abwartend an – ich muss zurückgucken und suche in ihren Gesichtern einen Hinweis darauf, was jetzt gleich geschehen wird.

»Schön' guten Abend und rutscht gut rein nachher«, grüße ich sie mit gespieltem Mut.

Sie reagieren nicht. Ich überlege, wie viel Geld in meinem Portemonnaie liegt und ob mein altes Smartphone überhaupt noch attraktiv genug zum Klauen ist. Verdammte Pandemie, ohne die würde ich jetzt auf einem rauschenden Fest mit Freundinnen und Freunden feiern. Blöde Idee, ausgerechnet in der gefährlichsten Nacht des Jahres durch dunkle Straßen zu laufen. Ob ich ihnen einfach alles »schenke«, auch die kleine Flasche Sekt und meinen Stolz?

Unschlüssig, was die bessere Taktik ist – wegrennen oder aufgeben –, beobachte ich aus den Augenwinkeln: Sie packen Feuerzeuge ein und legen Knaller sorgfältig auf einen Haufen.

»Leute, lasst mal die Frau durch!«, fordert einer mit heiserer Stimme.

»Wir warten, bis Sie weiter weg sind. Ist sonst zu laut«, sagt ein anderer und grinst sehr freundlich. Der Nächste zieht die Kapuze ab und zeigt mir seine Ohrstöpsel: »Wir haben die starken Kanonenschläge besorgt, die knallen so richtig rein!«

Die ganze Gruppe lehnt sich in den Hauseingang, trinkt einen Schluck aus mitgebrachten Wasserflaschen.

Ich durchquere die Gefahrenstelle, gleichermaßen erleichtert und beschämt.

»Alles klar, Jungs. Passt gut auf euch auf, und macht keine Dummheiten«, rufe ich der Gruppe zu.

»Wir doch nicht! Schönes neues Jahr dann, und bleiben Sie gesund«, antworten sie.

Sie warten tatsächlich, beobachten mich genau, lassen zwei Bahnen einfach durchfahren und legen mit ihrem beängstigenden Sport erst wieder los, als sie sicher sind, dass ich außer Schmerzweite bin. Vorher aber winken mir alle zu, und ich winke zurück.

Mit frohem Herzen steige ich in den nächsten Bus. Es riecht nach Rauch und Bier. Der Busfahrer hat ein kleines Radio dabei und hört in Flüsterlautstärke eine Schlagerparade. Je leiser etwas ist, umso konzentrierter muss man hinhören.

Hier sind die Haltestellen nie weit voneinander entfernt. Schnell treibt mich die Mucke des Busfahrers wieder auf die Straße, und was für ein Glück – es ist eine Lieblingsstraße, die Potsdamer!

Links runter blinken viele blaue Signallichter der Polizei, dort ist weiträumig abgesperrt.

Eine alte Frau geht mit ihrem Hund spazieren. Aus einem offenen Fenster wirft ein Mann mit nacktem Oberkörper eine vertrocknete Zimmerpflanze auf den Bürgersteig. Ein Auto fährt vorbei, ohne auf die Ampel zu achten. Hin und wieder knallt es in der Ferne, ein paar wenige Raketen zeigen ihre Goldregenpracht.

Mich interessiert natürlich vor allem die abgesperrte Zone. Ich schlendere hin, laufe mitten auf der leeren Straße, nehme den ganzen Platz auf, würde am liebsten die Arme ausbreiten auf der riesigen Kreuzung und mich drehen.

Erst in solchen Momenten fällt einem auf, wie viel Raum ganz selbstverständlich dem Autoverkehr gegeben wird. Ein ganzer Park könnte hier wachsen, mit kleinem See und Schaukeln für die Kinder. Große Bäume könnten Schatten werfen auf Wiesen und Sportplätze. Ein Biergarten würde Eis am Stiel verkaufen.

Mitten in meinen Träumen von mehr Grün fallen mir wieder die vielen Polizisten und Polizistinnen auf. Sie stehen lässig an ihren Wagen, rauchen, lachen, unterhalten sich. Zielstrebig gehe ich durch die Absperrungen, schaue knapp nach links und rechts, deute ein Nicken an. Sie beachten mich gar nicht, das gefällt mir.

Die Kreuzung Potsdamer Straße/Pallasstraße ist an allen Ecken voller Leben. Hier ist die Großstadt große Stadt. Sie streckt und dehnt sich in der Zeit – der legendäre Sportpalast stand genau hier. Die Verbrechen der Nationalsozialisten fanden hier ein hunderttausendfaches Echo.

Ein Hochbunker, erbaut von russischen Zwangsarbeitern, verschwindet fast in der täglichen Sicht. Angeknüpft ist der sogenannte Sozialpalast. Über 2000 Menschen wohnen im denkmalgeschützten Bau aus den 70er-Jahren. Früher galt das sehenswerte Bauwerk im Stil des Brutalismus als Ort für »Andere«. Naserümpfend mieden viele Menschen und Politiker diese Ecke Berlins. Hier wollte die sogenannte gute Gesellschaft ganz und gar nicht wohnen. Autos wurden schnell verriegelt vor den roten Ampeln.

Nur der Sensationstourismus liebte diesen Kiez. Sicher und warm hinter den großen Fenstern der Sightseeingbusse sitzend, führten die Veranstalter am durch den Volksmund treffend getauften »Sozialpalast« vorbei. Mit den Fingern auf die vielen Menschen zeigend, die aus allen Himmelsrichtungen mehr oder weniger zufällig hier ein Dach über dem Kopf fanden und in gemeinsamer Enge immer versuchten, das Beste aus allem zu machen.

Die vielen Satellitenschüsseln auf den Balkonen zeugen von der Sehnsucht nach den alten Ursprüngen und werden tausendfach fotografiert.

Hier galt das Recht des Stärkeren, und es waren lange die Falschen, die mithilfe von Angst und Skrupellosigkeit das Sagen hatten. Als die Stadt aber Verantwortung zeigte, die Häuser gar abreißen wollte, geschah, was Berlin so liebenswert macht: Mieterinnen und Mieter krempelten die Ärmel hoch, gründeten einen Mieterbeirat, wehrten sich gegen Drogendealer, Zuhälter und Schimmel. Gemeinsam mit der Eigentümergesellschaft und der Stadt suchte und fand man Lösungen für die dunklen Winkel, die illegalen Geschäfte in verwinkelten Treppenhäusern und unübersichtlichen Verbindungsgängen. Einiges wurde umgebaut, vieles saniert. Seitdem ist aus der seelenlosen Wohnmaschine ein lebhafter, lebenswerter Ort gewachsen.

Irgendwann wurde offiziell ein neuer Name für diesen Gebäude-komplex gesucht. Statt »Sozialpalast« heißt er jetzt »Pallasseum«. Die Lebens- und Wohnqualität hat sich allerdings durch Taten statt Namen gewandelt. Früher hauste in den heruntergekommenen Blöcken die soziale und bauliche Verwahrlosung.

Es gibt weiterhin Probleme und Auseinandersetzungen, wo so viele Menschen auf so wenig Raum zusammenwohnen. Aber es gibt auch positive Entwicklungen und ein ständiges Miteinander. Die Wohnungen sind begehrt und schwer zu bekommen.

Gegenüber künden die Fenster des legendären »Drugstore«, dem ältesten selbstverwalteten Jugendzentrum in Berlin, von der unverständlichen Zukunft: Dem »Drugstore« wurden die Mietver-träge nicht verlängert, das Jugendzentrum muss ausgerechnet dem Kapitalismus weichen.

Dass eine derartige Kündigung nicht stumm akzeptiert wird, ist al-len klar. Gut organisiert besetzten die Betroffenen die Räumlichkei-ten. Sie wehren sich. »Wir gehen hier nicht raus« steht in die Fenster gemalt. Es gibt immer noch die vergebliche Hoffnung auf ein Wei-terbestehen. Die Proteste gegen die Kündigung sind laut und, wie es der Sache angemessen ist, verzweifelt.

Seit 1972 sind die Räumlichkeiten des »Drugstore« eine feste Ad-resse im Leben der Jugend. Legendäre Konzerte, Diskussionsrun-den, Austausch und Aufnahme von Meinungen, Plänen, Kunst und Kultur, Aktionen und Demos gegen Gewalt und vor allem gegen je-den Faschismus füllen die Räume.

Die Unbedingtheit, mit der geschützte Räume für Jugendliche da sein müssen, weil sie die Bildung von Meinungen, Lebenswegen und der Auseinandersetzung mit dem wachsenden Ich und dem Du ermöglichen, wird hier mit Geldscheinen getreten.

Wo Heranwachsende nicht erwünscht sind, wo sie vertrieben

werden, gerät die Gegend in einen Schwindel. Sie taumelt. Wer sich nicht festhält, fällt.

Was wird aus dieser ehemals gesunden Mischung, wenn junge Sehnsucht nach einer besseren Welt verdrängt wird? An welchem Anderswo finden dann Diskussionsrunden, Konzerte, Lesungen, solidarische Arbeit gegen Rechts, gegen Sexismus, Armut und Gewalt statt?

Eine Feuerwehrsirene weckt mich aus meinen Gedanken. Normalerweise hallt die Stadt an Silvester von Feuerwehrsirenen wider, pünktlich um wenige Sekunden nach 00:00 Uhr brennen Balkone, bluten Fingerstümpfe, knallen leere Flaschen auf volle Streithähne.

Diesmal zerreißt die Stille der Pandemie den Lärm der vergangenen Unbeschwertheit.

Ich schaue mich um. Meine Augen treffen den kritischen Blick einer Polizistin.

»Guten Abend, warum ist denn hier abgesperrt?«, frage ich sie neugierig.

Mit geübtem Blick checkt sie mich ab und steckt mich in die »Harmlos«-Schublade.

»Hier ist doch überhaupt nichts los?«, bekräftige ich.

»Abwarten«, antwortet sie mit einem rätselhaften Lächeln.

»Erwarten Sie denn was?«

»Wir passen auf.« Zwei Kollegen stellen sich zu uns.

»Alles in Ordnung?«, fragen sie.

»Sie will wissen, warum hier abgesperrt ist.«

»Auf der Kreuzung hier kloppen sich sonst die Leute die Köppe ein. Wir passen nur auf, dass sich niemand was tut«, richtet sie sich nun ruppig an mich.

Ich gucke fragend.

»Hier verabreden sich die Jungs und beschießen sich gegenseitig mit Feuerwerk. Die binden Böller zusammen, was meinen Sie, was das für Explosionen sind! Die beschießen alles, was sich bewegt. Das ist wie im Krieg. Da wird Vorrat angelegt, ganze Kisten voller Polenböller, und dann immer ruff, ohne Sinn und Verstand.«

»Die sind völlig außer Rand und Band. Ich möchte nicht hier wohnen müssen. Das wäre mir zu gefährlich, der Kiez ist berüchtigt für die Typen.«

»Sie sind wohl keine Zeitungsleserin, steht doch überall drin in der Presse. ›Dramatische Zustände in der Pallasstraße‹, ›Eskalation der Gewalt‹, und was sie alles schreiben. Und zum Schluss sind immer wir schuld, egal, ob wir einschreiten oder nicht.«

Ich freue mich, dass der Polizeibeamte so korrekt antwortet.

»Aber diesmal sind Feuerwerk und Party doch eh verboten?«

»Verboten ist vieles«, antwortet er und dreht sich zum Gehen.

»Gehen Sie weiter, Aufenthalt ist hier jetzte nicht!«, ruft die Polizistin zwei jungen Männern zu, die sich in eine leere, heute nutzlose Bushaltestelle setzen wollen. »Aber bisschen dalli!«, ergänzt ihr Kollege.

»Wir sitzen doch nur hier, mach mal nicht so 'ne Welle, Alter. Rumsitzen ist kein Kapitalverbrechen«, rufen sie zurück.

»Ich wüsste nicht, dass wir verwandt sind«, kommt die angriffslustige Antwort der Polizeibeamten.

Murrend stehen sie auf und gehen schlurfend den menschenleeren Bürgersteig hinunter.

»Sie sperren also das ganze Gelände ab, damit Sie später nichts zu tun haben? Ist das nicht so, als ob Sie zum Frühstück auch gleich zu Mittag essen, damit Sie zum Mittag keinen Hunger haben?«, frage ich.

Die Polizeibeamten gucken streng.

»Oder als ob Sie erst gar keine Beziehung anfangen, damit Sie später nicht traurig sein müssen, wenn Ihre Frau oder Ihr Mann Sie irgendwann verlässt?«

Ich suche nach weiteren Beispielen.

»Oder man könnte es vielleicht auch damit vergleichen, dass Sie sich alle Zähne ziehen lassen, damit Sie nie Zahnschmerzen bekommen?«

Unsicher, ob meine Vergleiche einigermaßen zutreffen, warte ich auf Antworten.

Der Polizist mit dem flotten Schnurrbart hält das stumme Starren als Erster nicht mehr aus und feuert mir mit verächtlichem Blick zu: »Ich sag nur: Krebsvorsorge!«

Alle drei drehen um und gehen zurück zu ihren blinkenden Autos, sich bedächtig in den Hüftgürteln wiegend. Dabei hätte ich noch so viele Fragen. Ich schaue ihnen nach, ihre Gürtel sind voll bestückt. Nervt sie das ständige Blaulicht gar nicht? Was wiegt so ein Polizeigürtel? Wie viele Teile gehören zu der kompletten Ausrüstung?

Und wo lassen die jungen Männer – und bestimmt sind auch Frauen dabei – nun ihre Wut und gesammelte Lust am Krach?

Auf dem Weg zum nächsten Bus habe ich viel nachzudenken.

Ich setze mich wieder in den M19 Richtung Kurfürstendamm. Irgendwo muss doch trotz aller Vorsichtsmaßnahmen und Ausnahmezustand ein wenig Jubel und Trubel zu finden sein in der letzten Nacht des Jahres.

Der Bus ist jetzt schon voller. In den Augen über den Masken entdecke ich keine Abenteuer. Da ist kein Rausch in der Luft, selbst das Wetter ist lauwarm. Die ganze Welt scheint gesellschaftlich erschöpft und unheimlich müde zu sein.

Viele Fahrgäste schauen niemanden an, sie gucken in die Nacht vor den Fenstern oder ins Smartphone.

Der Busfahrer ist sogar von uns isoliert. Um die Ansteckungsgefahr zu verringern, wurden die Fahrkabinen erst mit einer Art

Duschvorhängen aus durchsichtigem Plastik abgeklebt. Als absehbar wurde, dass das Virus bleibt, egal, wie sehr wir es hassen, bekamen die Fahrerinnen und Fahrer zusätzliche Spuckschutzscheiben, wie an der Wursttheke. Und um Kontakte möglichst zu vermeiden, wurde der Fahrscheinverkauf im Bus ganz eingestellt.

Vorn wurde das Ein- und Aussteigen zum Schutz der Fahrer und Fahrerinnen verboten – die Tür blieb zu, und gemeckert wurde nur noch in den Mitteltüren.

Nach einer langen Weile mit sehr wenigen Fahrgästen während der vielen Ausgangsbeschränkungen kam die Order von oben, wieder alle Bustüren zur Benutzung freizugeben. Die Maskenpflicht war längst normal. Dann gab es Impfzentren, und viele fühlten sich nach dem Piks mit dem neuen Serum gut geschützt. Doch längst nicht alle spürten die Erleichterung des neu gefundenen Impfstoffs.

Diese unnötige Gefährdung brachte Busfahrerinnen und Busfahrer an den Rand ihrer sagenhaften Geduld. Sie streikten kurz, aber entschlossen, bis auch die letzten Vorgesetzten ihre Sorgen um die eigene Gesundheit, um die Gefahren für die Familie verstanden und nachgaben: Vorne ist und bleibt der Bus tabu!

Die verschlossenen Türen und die Isolation im Bus veränderten die Atmosphäre. Das lebhafte Geplänkel und Gemecker war nicht mehr möglich, die vielen kleinen Gesten und witzigen Wortwechsel prallten an den Masken und schützenden Scheiben ab.

Das alte »Man gewöhnt sich an allem, sogar an den Dativ« stimmt hier nicht. Es fehlt das Alles zusätzlich zu allem.

Auf dem Kurfürstendamm steige ich aus. Es ist jetzt kurz vor Mitternacht. Ich sehe immer noch klar und deutlich. Normalerweise kann man an der immer dicker werdenden Luft durch Böller und Raketen die Uhrzeit ablesen. Erst ist es nur ein Schleier, ein partieller Nebel. Punkt Mitternacht macht der Feinstaub dann alles dicht. Die gegenüberliegenden Häuser verschwinden im rötlichen Nebel, was in manchen Straßen durchaus eine Verbesserung ist.

Ich zünde ein paar Streichhölzer an, nur um mich an den schwefeligen Geruch von früher zu erinnern.

Und dann traue ich meinen Augen kaum: Über den breiten Bürgersteig gehen mitten in dieser einzigartigen Nacht Familien spazieren. Mütter und Väter schieben Kinderwägen, halten kleine Kinder an den Händen. Größere Geschwister spielen Fangen. Tanten und Onkel und auch Großeltern unterhalten sich angeregt. Niemand hat es eilig. Die Frauen tragen schwingende Röcke und lockere Mäntel, die Männer weite Jacken und glänzende Schuhe. Sie lachen miteinander.

Es tut sehr gut, ihnen zuzusehen. Ihre Stimmen tragen Zuversicht durch die Nacht.

Ich lehne mich an einen geschlossenen Kiosk und träume von einem ganz anderen Miteinander, in dem Kinder jederzeit und überall willkommen sind und sich selbst an Silvester niemand vor hemmungsloser Feierwut fürchten muss.

In der Weite explodiert wieder ein vereinzeltes Feuerwerk und schickt alle bösen Geister mit einem Sternenregen zum Teufel.

Ein älterer Herr steht plötzlich neben mir. Man sollte halt nie die Augen schließen auf den großen Straßen. Er hat die Jacke streng zugeknöpft und schaut mich von der Seite an.

»Meine Frau hat es nicht geschafft. Sie ist im Krankenhaus gestorben im September, und ich durfte sie nicht besuchen. Wir konnten uns nicht verabschieden, nach vierunddreißig Jahren Ehe musste ich sie ganz allein gehen lassen. Dabei war sie nie gern allein. Ausgemacht war außerdem, dass ich vor ihr gehe, ich bin nämlich sehr verwöhnt, müssen Sie wissen.«

Er lächelt in Erinnerungen hinein. Schaut mich kurz fragend an, ob ich zuhören möchte.

»Hat sie Sie verwöhnt?«, frage ich.

»Und ob! Sie hat mich bekocht und mir die Hemden gekauft. Die Hemden waren jedoch fürchterlich hässlich, gar nicht mein Geschmack. Mir wäre ein weißes oder meinetwegen hellblaues Hemd immer viel lieber gewesen. Wir haben viel gestritten wegen dieser hässlichen Hemden. Einmal habe ich ein scheußliches Hemd sogar zerrissen und in den Müll gestopft. Da hat sie wochenlang nicht mehr mit mir geredet.«

Er knöpft die Jacke auf, und wir staunen beide auf ein gemustertes Hemd, das ein sehr wütender Modemacher entworfen haben muss. Die grellen Farben flimmern mir noch Sekunden später vor den Augen. Sorgfältig knöpft er seine Jacke wieder zu und lacht. »Das muss so sein, damit dir keine andere schöne Augen macht«, hat sie mir irgendwann erklärt. Da waren wir aber schon in Rente.«

Jetzt lachen wir beide.

»Beerdigen durfte ich sie auch nicht. Das habe ich überhaupt nicht in meinen Kopf reingekriegt. Sie war ja schon tot, und was hätte mir Schlimmeres passieren können? Wer hat sich diese bekloppten Verbote eigentlich ausgedacht? Ich hab in unserer Wohnung gehockt und geflucht.«

Wir verwünschen beide gleichzeitig dieses verdammte Virus.

Ein leiser Glockenschlag stört unsere Flüche, erst eine, dann zwei und schließlich alle Glocken der Gedächtniskirche läuten mit steigender Wucht und großartigem, feierlichen Getöse das neue Jahr ein. Die trüben Gedanken wirbeln durcheinander, wie aus dem Nichts fahren ein paar hupende Autos an uns vorbei, ein paar Leute rufen »Prost Neujahr« und »Happy New Year!« in die Stadt.

Der alte Mann reicht mir fragend die Hände: »Würden Sie mit mir?«

Und er fügt schnell hinzu: »Ich bin geimpft und heute frisch negativ getestet. Sie brauchen keine Angst zu haben.«

Wir tanzen einen sehr langsamen Walzer. Unsere Schritte sind leise Lichter. Seine Hände sind leicht wie Seidenpapier. Ich verstehe seine Frau.

Mit dem Ausklingen der Glocken verabschieden wir uns voneinander.

»Bleiben Sie gesund!«, ruft er mir zu und verschwindet hinter der nächsten Ecke.

Ich überquere die leere Straße und setze mich auf die Stufen der Gedächtniskirche. Hier haben schon viele Menschen gesessen, manche hatten Gitarren dabei und spielten für ein paar Groschen, andere haben sich versammelt, sind gemeinsam in den Gottesdienst oder zur Demonstration gegangen.

Viele Jahre lang stand hier fast täglich die unvergessene Helga Goetze und hielt ein Schild in ihren Händen. »Ficken ist Liebe« stand darauf. Sie begann damit in den frühen 1980er-Jahren und war, was traurigerweise erst nach ihrem Tod 2008 öffentlich gewürdigt wurde, eine große Künstlerin. Sie liebte die Emanzipation und kämpfte mit viel Lust und Kunst für Gleichberechtigung. Sie war jederzeit zu einem Gespräch bereit, gegen Krieg und Sexismus. Die Reaktionen auf ihren so klaren wie friedlichen Protest reichten von empörten, bösen Beschimpfungen bis hin zu großer Verehrung.

Die Stufen vor der Gedächtniskirche sind immer noch ein guter Ort zum Ausruhen, zum Gucken, zum Hören, zum Erzählen. Heute sitze ich hier ganz alleine, krame die winzige Flasche Sekt aus der Tasche, verschütte die Hälfte für die guten Geister und proste der Stadt und mir zu. Was sonst kann man tun.

Nach und nach wird die Straße etwas voller. Hupen und Johlen und Flaschenklirren.

Ich gehe zur nächsten Haltestelle, steige in den M19, setze mich unten in den Doppeldecker. Drei junge Frauen stellen sich in die Mitteltüren, rücken zusammen, umklammern kichernd die Haltestangen und lassen sich vom Geschaukel des Busses hin und her schütteln.

Sie sind angemessen feierlich gekleidet, mit glitzernden Röcken, schillernden Jacken, großem Augen-Make-up, stolzen Frisuren.

Jetzt setzt sich eine auf den leeren Platz neben mich. Sie zieht sich stöhnend die Schuhe aus und massiert ihre Zehen. Diskret aus den Augenwinkeln geguckt, kann ich ankommende Blasen erkennen.

Aber dann fällt mein Blick auf die Schuhe, und aus ist es mit der Diskretion! Ihre Schuhe sind durchsichtige Kunstwerke aus Plastik – oder ist es gar Glas? Ohne Füße drin würde niemand sie als Schuhe definieren und sich vielleicht nichts ahnend auf den Schreibtisch stellen oder als exklusives Geschenk den kopfschüttelnden Eltern zu Weihnachten überreichen. Manche würden sie als ein weiteres unnützes, aber notwendiges Küchenutensil so dekorativ wie demonstrativ in die indirekt beleuchtete Vitrine platzieren. Und niemand würde wagen zu fragen.

Gespannt suche ich die Schuhe der beiden anderen. Meine Blicke wandern über die Hosenbeine einiger Fahrgäste hin zu der fantastischen Kleidung der Frauen, bis hinunter zum rumpelnden Boden. Und ja! Zwei weitere außergewöhnliche Schuhpaare glänzen dort unten vor sich hin. Die eine trägt goldene Hochhäuser, die andere fast bieder wirkende, mit nadelspitzen Nieten besetzte Klepper – wobei ich nicht weiß, ob diese Riemen mit Sohle heutzutage immer noch so heißen. Ihre Klepper haben auch nicht die übliche Brotscheibensohle, sondern ebenfalls mindestens fünfzehn Zentimeter hohes Plateau in wechselnden Farben, Schwarz, Glitzer, Silber, Schwarz, Glitzer.

Und auch diese Schuhe sind eigentlich nicht für echte Wege gemacht. Es sind großartige Sitzschuhe, kreiert für das legere Wippen auf Barhockern.

Vor lauter Gucken hätte ich fast meine Haltestelle verpasst. Ich drücke den Halteknopf durch, der Busfahrer drückt die Bremse. Mit Schwung stoßen wir Fahrgäste aneinander, mit Glück steigen auch die drei Frauen aus. Sie halten ihre Schuhe jetzt in den Händen und laufen barfuß Richtung Hardenbergplatz. Die eine läuft auf Zehenspitzen, als trüge sie ihre Hochhäuser noch. Die andere hüpft und jammert über jeden spitzen Stein, der ihre Fußsohlen pikst. Die dritte lacht und lacht und lacht, und schnell lachen auch ihre Freundinnen. Sie stützen sich gegenseitig, kichern und schütten sich aus vor Lachen. Dann versuchen sie mit neuer Kraft seriös weiterzulaufen, Schritt für Schritt barfuß auf Berlins hartem Pflaster.

Ich rufe ihnen ein »Gutes neues Jahr! Prost Neujahr!« hinterher, sie winken zurück.

Der M19 fährt an mir vorbei, langsam genug, um ihn am nächsten Stopp noch zu erwischen. Müde falle ich auf den harten Sitz, rufe dem Fahrer laute Silvestergrüße zu, der durch den dicken Plastikvorhang nichts sieht und wenig hört vom Innenleben seines Doppeldeckers.

Zu Hause öffne ich die Fenster weit. Ein paar wenige, von Böllern traumatisierte Vögel flattern ziellos herum. Eine blaue Schutzmaske segelt mit dem lauen Wind und bleibt im kahlen Baum hängen. In der Ferne heult eine Sirene. Die Nachbarn gegenüber haben ihre Stereoanlage laut aufgedreht und tanzen zu der Musik von ABBA. Die meisten anderen Fenster sind dunkel. Es gibt nicht so viel und doch alles zu feiern an diesem Silvester.

FEBRUAR

Über der Stadt ist das Meer

M19 – Wittenbergplatz
M43 – Berliner Straße – Columbiadamm / Friesenstraße
Bus 100 – Zoologischer Garten / Unter den Linden

Das Telefon klingelt.
»Ich bin es. Hast du Zeit? Ich brauch sehr dringend eine Auszeit. Jetzt. Sofort. Hier ist die Hölle los heute, die ganze Woche schon. Oh bitte, sag, du hast Zeit...«

Maxi klingt völlig genervt. Ich checke schnell den Terminkalender.

»Du klingst schrecklich! Klar hab ich Zeit. Wo willst du hin?«

»Du bist meine Rettung! Ich kann aber nur zwei Stunden raus. Schaffen wir es zum Meer? Ich könnte noch schnell Cocktails mixen, oder lieber Tee?«

»Tee klingt perfekt bei dem Wetter.«

»Kommen die anderen auch?«

Wir sind seit vielen Jahren eng befreundet, Maxi, Holger, Sabrina und ich.

»Sabrina kann nicht, die ist mit ihrem neuen Projekt beschäftigt. Aber Holger kommt. Treffen wir uns in einer halben Stunde? Schaffst du das?«

»Locker! Ich hab noch Streuselapfel von gestern. Soll ich ...«

»Nerv du mich bitte nicht auch noch«, unterbricht sie mich.

»Natürlich bringst du den mit.«

Ich packe den Apfelkuchen ein, lege eine Thermoskanne Kaffee dazu und drei Gabeln. Dann ziehe ich die Winterjacke über den Pullover, nehme Mütze und Handschuhe mit und mache mich auf den Weg zum Bus.

Der Winter ist wieder mal sehr lau und oft grau, aber wir frieren trotzdem.

Im Bus ist die Stimmung gereizt, ein Mann und eine Frau sind ohne Masken eingestiegen. Sie beschimpfen pauschal alle, die im Bus sitzen und versuchen sogar, den Passagieren und Passagierinnen die Masken vom Gesicht zu ziehen.

»Wir leben in einer Diktatur, und ihr seid die Schafe, die brav ›Mäh‹ sagen!«, spuckt die Frau ihre Wut aus.

»Nimm die Maske runter, aber ein bisschen dalli!«, droht der Mann einem jungen Mann.

Ich stehe erschrocken in der Tür und weiß nicht, ob ich ein- oder aussteigen soll. Wie sehr lasse ich meinen Tag von der Aggression zweier Fremder bestimmen? Wie schütze ich mich vor dieser Machtmischung aus diffusen Ängsten und Gewaltwünschen? Verspüre ich vielleicht sogar Mitleid mit ihren Versuchen, uns zu beherrschen?

Nein. Weder Mitleid noch Verständnis.

Und die resolute Busfahrerin sieht das genauso: »Ihr setzt die Masken uff, oder ihr steigt aus. In meinem Bus will ich keine Nasen sehen.«

»Frieden! Freiheit! Keine Diktatur!«, schreien die beiden in geübtem Marsch.

Ich mache kleine Schritte nach hinten aus dem Bus, denn den Rücken möchte ich ihnen lieber nicht zuwenden.

»Ihr werdet alle sterben. Bill Gates reibt sich schon die Hände, ihr Schlafschafe.«

Die Fahrgäste winken genervt ab.

Der Mann und die Frau geben auf. Auf dem Gehweg schreien sie eine ältere Frau an, die ihre Maske stolz in Regenbogenfarben trägt.

»Dich werden sie als Erste schlachten«, freuen sie sich.

»Alles klar, danke für die Information«, antwortet sie und fragt nach: »Könnten Sie mir Tag und Uhrzeit sagen, damit ich mich drauf einrichten kann?«

Grinsend schiebt sie den pinken Rollator weiter.

Ich steige schnell wieder ein, der Bus fährt los, ein erleichtertes Schimpfen beginnt und reinigt zwischen zwei Haltestellen die Atmosphäre.

Der Februar ist ein anstrengender Monat. Zäh liegt der Winter auf allen Straßen. Es ist die beste Zeit, nicht hier zu sein.

Wir rumpeln wenig sachte über den schlechten Asphalt, die Fensterscheiben bieten nur halbe Sicht auf das winterliche Grau der Stadt. Eine gepunktete Reklame für irgendwas klebt an der Außenhaut des Doppeldeckers und versperrt den Blick.

Man ahnt mehr, als dass man sieht. Zum Glück funktioniert die automatische Durchsage, so sind wir nicht ganz verloren. »Wittenbergplatz« schnurrt die Ansage durch den Bus. Ich drücke den Halteknopf, quetsche mich an zwei stoischen Wegversperrern vorbei, stolpere aus der Tür, knalle fast auf den schmutzigen Asphalt, werde blitzschnell gehalten von einer Frau, die ebenfalls aussteigt, bedanke mich erleichtert, rücke mich zurecht und begebe mich auf direktem Weg in den Kurzurlaub.

Maxi winkt mit weiten Armen: »Hier sind wir, hier!«

Holger ist das peinlich, das sehe ich sogar aus der Entfernung. Ich renne über die absurd große Straße, die in der Mitte vom Wittenbergplatz geteilt wird. Wir umarmen uns zur Begrüßung.

»Willkommen am Meer. Es rauscht ganz prächtig. Schließ mal die Augen und hör zu, was die Wellen sagen.«

Es ist ein altes Ritual von uns, mitten in der Stadt ans Meer zu denken. Es hilft, harte Tage auszuhalten.

Wir stehen mit geschlossenen Augen und lauschen. Die Wellen rollen im Takt der Ampelschaltungen ans Ufer.

Holger fängt an:»Ich höre ›Hunger und Durst, Hunger und Durst‹ ganz deutlich. Hört ihr es auch?«

»Ich höre: ›Gebt mir euer ganzes Geld, gebt mir euer ganzes Geld‹«, flüstere ich bedeutungsvoll.

Maxi schlägt uns lachend auf die Arme:»Schon gut, ich höre es auch. Ich bin so froh, dass es geklappt hat. Das ist ein Tag heute ... alle drehen durch.«

Wir umrunden den großen Brunnen, auf der Suche nach dem richtigen Plätzchen für heute.»Lebensalterbrunnen« hat der Bildhauer Waldemar Grzimek ihn genannt. Insgesamt stehen, liegen, sitzen elf Figuren unterschiedlichsten Alters und Lebenssituation im Verbund der Brunnenanlage. Es gibt zwei Kinder, die mit einem Hund spielen, es gibt die alte Frau, junge Erwachsene. Mit jedem Besuch entdecken wir neue Besonderheiten. Holger und Sabrina lie-

ben den »Muckimann«, wie sie den jungen Mann mit definiertem Körper zärtlich nennen. Maxi liebt die »alte Frau« und streichelt sie ehrfürchtig bei jedem Besuch. Ich bewundere regelmäßig die Füße der Bronzefiguren. Im Sommer spielen oft Kinder im plätschernden Wasser. Die Anlage ist vom Künstler so konzipiert, dass sie zum Anfassen, Berühren, Fühlen, Spielen regelrecht einlädt. Sie verschmilzt mit dem Platz, ist Teil der weiten Fläche hier. Im Winter ist er trocken. Das fehlende Wasser lenkt die Aufmerksamkeit auf die Schönheit der Brunnenlandschaft.

Wir entscheiden uns einmütig für den »Fenstergucker«. Wie er schauen auch wir jetzt auf das Leben vor uns, ohne daran teilzunehmen.

Während Holger und ich unseren Proviant auspacken:

»Guck dir diesen Kuchen an! Den habe ich gestern ganz aus dem Gedächtnis gebacken.«

Holger bewundert angemessen.

»Ich habe neue Tassen gekauft, im Outdoorladen«, sagt er.

Wir müssen lachen.

»Wie kommt man eigentlich rein in einen Outdoorladen? Hat der überhaupt einen Eingang?«, albern wir herum.

Maxi ruft uns zum Ernst der Stunde zurück.

Sie ist Lehrerin in einer Oberschule und erzählt uns vom Stress.

»Ilse ist krank, die Vertretung, Herr Pohl, hat keine Ahnung von Mathe. Ich soll ihm jetzt alle relevanten Kenntnisse vermitteln, in der großen Pause. Der macht Kunst und Spanisch. Und hat sich in die Brigitte verliebt. Ausgerechnet!«

Holger verdreht solidarisch die Augen, er kennt die Geschichte schon und bereitet Tee und Kuchen für uns vor.

Maxi nimmt einen großen Schluck aus der neuen Tasse, kaut genießerisch den Kuchen.

»Ich habe den Tee etwas stärker gemacht, wegen meiner Nerven. Und jetzt ratet mal, wo der Hausmeister den Pohl mit der Brigitte in flagranti erwischt hat?«

»In flagranti? Gibt es das überhaupt noch?«, frage ich erstaunt und versuche, mir dieses »Erwischt-Werden« bildlich vorzustellen.

Maxi legt sich, vorsichtig die Krümel von ihrem Mantel schnipsend, zurück, schaut in den bedeckten Himmel über uns und atmet tief aus.

»Ich hab sie total beneidet, die erleben genau die Abenteuer in der großen Pause, von denen wir alle träumen. Die haben Sex in der Kartenkammer, und wir haben Wurststullen auf dem Pausenhof.«

Holger schaut verständnisvoll, die Stirn in Sorgenfalten gelegt. Ich aber lache laut los: »Und auf den Wurststullen ist noch nicht mal echte Wurst, nur veganer Wurstersatz!«

»Na, jedenfalls hat sich die Brigitte jetzt krankgemeldet und der Pohl um Versetzung gebeten. Zwei Lehrkräfte weniger, auf einen Streich. Weil ein Hausmeister seinen Mund nicht halten konnte. Wie sollen wir das kompensieren? Ich stehe doch schon am Rand meiner Nerven?«

Darauf wissen wir keine Antworten. In Berliner Schulen herrscht ein lang anhaltender Lehrkräftemangel, viel zu viele Stunden fallen aus, viel zu viele Folgen dieser unzuverlässigen Schulbildung für die Schülerinnen und Schüler werden unter den Tisch gekehrt und fliegen wie Kreidestaub in alle politischen Ecken, bleiben dort liegen, vergessen, übersehen, unbeachtet. Haben wir uns früher über ein unerwartetes »schulfrei« gefreut, freuen sich Eltern und Schulkinder heute über ein überraschendes »Es fällt gar nichts aus«.

»Also ist der Sex jetzt schuld an den Lücken im Stundenplan«, sage ich, um die Stimmung etwas zu entspannen.

»Oder der Hausmeister, denn der ist gleich zur Schulleitung gerannt und hat sich riesig aufgeplustert von wegen Sitte und Anstand. Ohne den Hausmeister wäre alles, wie es war«, antwortet Maxi.

Wir schütteln uns, schlagen die Beine übereinander, pusten in den viel zu starken Tee.

»Schaut nur, wie schön sie heute sind, ganz weiß und so wild«, sagt Maxi nach einer Weile.

Über uns segeln und kreischen die Möwen. Im Winter fliegen sie zwischen dem Nollendorf- und Wittenbergplatz weite Kreise, beobachten mit scharfen Augen und stürzen sich auf alles, was ihnen essbar erscheint. Eine ganze Möwenschar ist das. Es wird sich herumgesprochen haben, dass die Gegend hier ein angenehmes Quartier ist. Hin und wieder gibt es heftiges Gerangel mit Krähenvögeln in den Lüften. Dann ist ein Gekrächze und Geschrei über uns, die wir erstaunt zugucken: wie geschickt die Vögel ihre Angriffe fliegen, wie schnell sie den spitzen Schnäbeln ausweichen. Harte Revierkämpfe werden ausgetragen, ohne dass wir verstehen, worum es

geht. Ob es Gewinner gibt, Verlierer, Kompromisse? Wir wissen so wenig von dem Leben, in dem wir uns befinden.

Uns schenken die Möwen eine Ahnung von Meer und Sand und Salz in der Luft. Wir haben immer im Blick, wo sie gerade sind, und treffen uns für Momente der Entspannung, für eine schnelle Auszeit im Winter unter ihrem weißen Kreisen.

Wir geben uns mit Wonne dem Lärm der Vögel hin, erträumen uns Schiffe dazu, Häfen, verschwinden für eine Stunde aus den Alltagsgeschäften und kommen erfrischt zurück.

Wir haben mehrere solcher »Inseln« für die Momente, in denen dringend eine Auszeit benötigt wird, aber keine Zeit zum Verreisen bleibt. Bei schlechtem Wetter treffen wir uns am liebsten am See. Wir laufen im Nieselregen einmal um den ganzen See herum, treffen dabei nur auf wenige Leute, genießen die Stimmung, das Wasser, die leeren Parkbänke.

Der Wittenbergplatz gehört bei jedem Wetter zu unseren Favoriten. Nicht nur, weil wir einfach und schnell mit dem Bus hinfahren können. Der Wittenbergplatz ist so groß, dass wir ganze Wanderungen unternehmen könnten, mit Stullen im Gepäck. Er ist so riesig, dass die wenigsten ihn überhaupt als ein Ganzes wahrnehmen. Es gibt Wiesen und Bäume. Auf beiden Seiten des von den Fahrbahnen und des U-Bahnhofes zerschnittenen Platzes stellen Restaurants und Cafés ihre Tische und Stühle raus. Selbst wenn es regnet, sitzen hier die Leute gerne draußen, unter bunten Sonnenschirmen.

Die Atmosphäre erinnert bei sonnigem Wetter an südliche Marktplätze. Spatzen fliegen umher, kleine Kinder spielen am Wasser. Der Verkehr ist weit genug weg, um die Illusion eines unbeschwerten Nachmittags in einer heilen Welt zu erzeugen. Geschäftsmänner laufen mit großen Schritten von hier nach dort, grüßen, winken, wechseln ein paar schnelle Worte mit den Kellnern und

Nachbarn. Paare schlendern Händchen haltend umher. Feine Damen führen ihre Hunde an modischen Leinen Gassi.

Auf einigen Bänken ganz am äußeren Rand leben oft Menschen, drehen regelmäßig ihre Runden und sammeln ein, was liegen bleibt. Pfandflaschen, Pizzastücke, den Überdruss der Eiligen.

An allen vier Ecken steht jeweils ein individueller Imbiss für die feinen schnellen Mahlzeiten. Es gibt eine Discokugel und Musik, es gibt Ruhe und Begegnung. Nach Sonnenuntergang tanzt, wer möchte, ein paar schnelle Drehungen auf dem glatt getretenen Pflaster.

Blicke werden gewechselt, Telefonnummern ausgetauscht. Die Currywurstverkäufer wischen wieder und wieder ihre Tresen sauber, geben freche Antworten auf dämliche Fragen.

»Sind Ihre Pommes auch aus biologischem Anbau?«

»Bei mir ist alles biologisch, wollen Sie mal fühlen?«

»Auch das Ketchup und die Mayo? Dann nehme ich ein Portiönchen, aber wirklich nur einen Klecks.«

Und mittendrin steht der prächtige U-Bahnhof, groß wie eine Villa, repräsentativ wie ein Regierungsgebäude, einzigartig in allen Einzelheiten.

Täglich gehen Tausende Menschen hier ein und aus ohne Zeit und Gelassenheit, um auf die Schönheit der Decken und Wände, der Fassaden, Geländer, der Schilder und Kacheln zu achten. Ihre ganze Aufmerksamkeit gilt den drei U-Bahn-Linien, die hier verkehren, und den drei Buslinien, die tagsüber hier entlangfahren. Nachts bieten sogar vier Buslinien das bequeme Ein- und Aussteigen.

Der ganze Luxus des ÖPNV wird auf dem Wittenbergplatz sichtbar und hat einen roten Teppich nicht nötig.

Fahre ich nachts hier im M19 vorbei, bin ich immer neu erstaunt darüber, dass auf der Mitte des Platzes keine rauschenden Feste gefeiert werden. Ich vermisse blank geputzte Kronleuchter, die Spiegelungen Hunderter Kerzen, das Orchester in der Ecke neben dem Eingang, die Tanzenden, die Trinker an der eleganten Bar, die wilden Frauen, die heimlichen Paare. Die Lust der Stadt.

Maxi, Holger und ich streiten uns noch ein bisschen. Ich fange an, wie immer:

»Alles schön und gut hier, aber warum ausgerechnet eine Ananas den Wittenbergplatz krönen muss, das werde ich nie verstehen. Wenn schon Obst, dann hätte der olle Grenander einen Apfel nehmen sollen, meinetwegen eine Birne oder Kartoffel.«

Maxi fällt mir ins Wort: »Du und deine Kartoffeln, die sieht man doch nicht da oben, das muss eine Ananas sein, sonst wirkt das nicht.«

Holger verdirbt uns den Spaß, er ist ein großer Fan des alten Baumeisters Alfred Grenander, der die Gestaltung zahlreicher Berliner U-Bahnhöfe verantwortete: »Bitte, hört auf! Ich hab euch schon tausendmal erklärt, dass es keine Ananas ist. Tausendmal!«

»Und ob das eine Ananas ist! Sieht man doch ganz deutlich, wenn man richtig hinguckt. Du hast eben keine Ahnung von Obst und Gemüse«, mache ich weiter und räume dabei meine Sachen ein.

Die Pause ist vorbei, wir müssen in verschiedene Richtungen. Zum Abschied gibt es eine Umarmung.

Ich renne zum M19, der gerade angefahren kommt, grüße den Busfahrer, suche mir einen Platz, gucke aus den Fenstern und höre still begeistert dem Telefongespräch der Frau vor mir zu.

»Du hast mit Lena geknutscht, alle haben das bestätigt. Alle. Ich finde das so erbärmlich von dir, dass du jetzt sagst, ihr hättet nicht geknutscht. Mirja und Amina und Ali lügen mich jedenfalls nicht an. Und Jeremy hat es auch gesehen. Jeremy, Alter! Der kann noch nicht mal lügen, wegen seiner Religion.«

Während sie weitere Argumente ins Handy schimpft, hält der Bus, drei US-amerikanische Touristinnen steigen ein. Sie sind großartig geschminkt, mit dramatischen Lidschatten, etwas zu viel Lippenstift, großen Brillen und schrill gemusterten Jacken. Bevor sie ihre Masken aufgesetzt haben, müssen sie auch schon wieder aussteigen. Das ist alles äußerst kompliziert, denn wer steigt als Erste aus, wer hilft der anderen, wie funktionieren diese deutschen Türen? Alle drei sind ein bisschen unsicher auf den Beinen, ihre Koordination ist langsamer, als der Fahrplan es vorsieht. Sie haben schon viele Geburtstage gefeiert in ihrem Leben.

Der Busfahrer guckt genervt nach hinten: »Geht das da bald mal weiter, meine Damen!«

Und fügt dann weltmännisch hinzu: »Harry ap, aber dalli.«

Die Damen verstehen kein Deutsch, sie versperren die Mitteltür und winden und drehen sich um die Leute, die jetzt auch aussteigen wollen.

Und nun fällt die Brille der einen unter den Bus. Große Aufregung.

»My glasses! Where did my glasses go? Oh my gosh, I can't see anything without my glasses! Help me, please help me! Oh, never again! I hate this German traffic!«

Sie stolpert, aber viele Arme halten sie und helfen ihr. Längst stochern ein paar Leute auf Händen und Knien unter dem Bus herum. Das überrascht die Damen aus Übersee. Sie stützen sich gegenseitig und laufen auf spindeldürren Beinen hin und her.

Ein Mann ist unterdessen nach vorn gelaufen und erklärt dem Fahrer das Problem. Der stöhnt.

Die Bergung der Brille erweist sich als komplizierter als gedacht. Nun legt sich eine junge Frau längs auf den Bürgersteig und stochert mit einem dünnen Ast unter dem Bus herum. Andere überlegen, ob es nicht sinnvoller sei, den Bus vorfahren zu lassen.

»Ich habe sie«, ruft die junge Frau, steht mühsam auf, klopft sich den Dreck von Hose und Jacke und überreicht der alten Dame die Brille. Die hat mit ihren Freundinnen nervös zugeschaut.

»Thank you so much, my dear. Thank you to everybody!«, sagt sie lächelnd. Ihre Freundinnen winken huldvoll.

Alle steigen aus, alle steigen ein, der Busfahrer drückt die richtigen Knöpfe, dann das Gaspedal, und das Leben fährt weiter. Bis zur nächsten Haltestelle.

Die Stadt ist voller Gelegenheiten.

Der Bus M43 ist genauso leer wie die Straßen. Es ist früher Sonntag, die meisten Menschen schlafen noch. Ich suche mir den schönsten Platz am großen Frontfenster und genieße die Fahrt. Nur der Busfahrer und ich sind unterwegs, und allein das ist schon Entspannung pur. Er fährt gemächlich seine Strecke, verringert rund um die Haltestellen das Tempo noch etwas, stellt mit geübten Blicken fest: Niemand will einsteigen, niemand will aussteigen. Ich könnte stundenlang so vor mich hingefahren werden.

An allen Ampeln hält er schon bei Gelb, und ich vermute, er genießt die seltene Straßenruhe genauso sehr wie ich.

Im Bus hat man wunderbare Einblicke in die ersten und zweiten Stockwerkfenster und Balkone. Ich überlege, welche Städte oder zumindest Gegenden ich allein an Fenstergardinen erkennen könnte.

In Berlin hängen oft sehr fantasievolle Botschaften an den Fenstern, man zeigt mit Fahnen, woher man kommt. Wobei mir Deutschlandfahnen in Deutschland immer ein Rätsel sind. Zu gerne würde ich mal fragen, ob die Bewohner hinter Deutschlandfahnenfensterschmuck eventuell morgens immer erst grübeln und rätseln, wo sie nur eingeschlafen sind, und beim Blick auf die Fensterfahne erleichtert aufatmen.

Insgesamt wecken Fahnen vor Fenstern meine Neugier. Was verbergen sie? Wen schützen sie vor wessen Blicken?

Es gibt Fahnen mit politischen Aussagen. »Nie wieder Krieg« oder »Kein Mensch ist illegal«, es gibt die zeitgenössischen Fahnen, auf denen »Free Assange«, »Keine Macht für Niemand« oder »Festung Europa – Frontex abschaffen« gefordert wird. Und es gibt die gesellschaftlichen Fahnen, die mit Regenbogen für eine gleichberechtigte Liebe und Wertschätzung stehen. Seit Beginn der Pandemie kleben an vielen Scheiben Zettel mit den Aufschriften »Alles wird gut«, »Wir schaffen das« und »Bleibt gesund«.

Bunte Fensterbilder gehören wohl zu Kinderzimmern, Jalousien zur ersten eigenen Wohnung. Manche Fenster sind mit alten Zeitungen verklebt und regen an zu wilden Vermutungen. Ob hier ein ehemaliger Spion im Kalten Krieg arbeitete? Ob ein sehr trauriger Mensch dort hinter den verdunkelten Scheiben hockt und auf jemanden wartet, der die Fenster putzt und etwas Trost mitbringt? Oder versteckt sich eine kleine, pornografische Filmproduktion hinter den Nachrichtenseiten von vorgestern?

Es ist herrlich entspannend, die ungezählten Fenster entlang zu schauen und dabei die Gedanken über die Leben dahinter einfach fliegen zu lassen, hört ja niemand.

Prunkvolle, gar mehrlagige Gardinenensembles, wie sie unter anderem im Ruhrgebiet zu sehen sind, gibt es hier nur selten.

Wer Glück hat, entdeckt einen nackten Mann auf dem Balkon.

Wer Pech hat, entdeckt einen nackten Mann auf dem Balkon.

Das ist gar nicht so selten. Sie machen Frühsport, rauchen, schauen in die Welt. Manche präsentieren sich einfach. »Seht her, hier bin ich: ein Mann!«

Sehr viele Wohnungen in Berlin haben einen Balkon. Auch an Hauptverkehrsstraßen sind sie oft ein fester Bestandteil des Wohnens. Manche verbringen den ganzen Sommer auf ihrem Balkon. Manche schlafen unter dem Berliner Sternenhimmel, andere bepflanzen diesen Raum zwischen Drinnen und Draußen mit Obst und Gemüse, mit üppigen Blumen und nie endender Freude. Es gibt Kieze, in denen die Balkone das wahre Geheimnis des guten Lebens in der Großstadt präsentieren. Doch sie verraten immer nur einen kleinen Teil ihrer Gestaltung und des Lebens dort oben. Das meiste bleibt verborgen, der Fantasie und Neugier überlassen. Wie bei so vielem in Berlin sieht man nur wenig, hört vielleicht ein Zwitschern oder Plätschern, ein tiefes Lachen, ein unverblümtes Stöhnen und geht weiter, ohne zu bemerken, wie sich flüchtige Ideen von Abenteuer und Lust an die Fersen heften. Später dann, zurück im eigenen Zuhause, begleitet ein unbestimmtes Sehnen das Erzählen von Berlin.

Die vielen Fenster und Balkone ziehen mich in ihren Bann, ich schaue und schaue. Steige irgendwann überhastet aus, merke erst, als der Bus weiterfährt, dass es eine Station zu früh war. Neben mir ist das Tempelhofer Feld. Allein der Name ist freche Untertreibung. Welche andere Stadt würde einen Ort wie den stillgelegten Tempelhofer Flughafen »Feld« nennen?

Schon die Geschichte des Flughafens Tempelhof ist so ungewöhnlich und doch typisch für Deutschland.

Dass die Stadt die riesigen Bauten der Nationalsozialisten nach dem Krieg mehr verkraftet als toleriert, dass immer noch viele Gebäude stehen und in großen Teilen gut genutzt werden, ist erfreuliche Veränderung, weg von Wahnsinn und Entmenschlichung, hin zu Vielfalt und Würde. Das ist eine gesellschaftliche Leistung, die niemand voraussagen konnte.

Das Ende des Flugverkehrs ist eine der vielen Nachwirkungen der Wiedervereinigung. Mit dem Ausbau des Flughafen Berlin Brandenburg BER konzentriert sich das Starten und Landen der Maschinen außerhalb der Stadt.

Der Flugverkehr in Tempelhof wurde 2008 vollständig eingestellt, und statt nun hohe Bürotürme, irrwitzig teure Apartmenthäuser, Wohnungen – selbst ein ganzer Berg wurde angedacht und auf viel Papier ausgearbeitet – auf der riesigen Fläche hochzuziehen, entschied die Bevölkerung 2014 in einem Volksentscheid: Wir lassen das Feld, wie es ist, nämlich frei zugänglich für alle!

Hier fliegen und flattern nur noch Feldlerchen, Hummeln, Greifvögel. Es gibt Drachenfeste und Konzerte auf dem Feld. Die Musik unterstreicht den Flug der Wolken, den Sonnenuntergang, den Wechsel der Jahreszeiten.

Selbst wenn nirgends Musik zu hören ist, säuselt der Wind, raschelt das Gras, trägt die Luft über dem Feld einzigartige Laute in sich.

Wer ganz still ist, kann hören, wie das Gras wächst.

Es ist die größte innerstädtische Freifläche der Welt. Viele Menschen sind völlig überwältigt, wenn sie zum ersten Mal diese Weite mitten in Berlin erleben. Nicht selten hallen spontane Jauchzer über die alten Rollbahnen.

Ich habe Freunde und Fremde unvermittelt weinen sehen, überwältigt von diesem Ozean aus Gras, Asphalt, Möglichkeiten, Ruhe, Kreativität. Es ist so viel Himmel über Berlin.

Und vielleicht ist die Stadt nirgends so großstädtisch und real wie auf dem Tempelhofer Feld.

Die friedliche Revolution der Menschen in der ehemaligen DDR war der stärkste und mutigste Aufstand gegen zu viel Macht von oben, gegen eine Diktatur in Deutschland. Nach der Wiedervereinigung geschah lange Zeit nur wenig. Es wurde in allen Bundesländern hauptsächlich konsumiert, gebaut, ausprobiert, nachgeholt. Nachholen mussten wir Berliner und Berlinerinnen (West) vor allem das Erkunden und Bereisen des Umlands. Brandenburgs Weite bestaunen und sich in die stehen gebliebene Zeit in Mecklenburg-Vorpommern verlieben. Die Berlinerinnen und Berliner (Ost) holten die politische Mitbestimmung zurück, sie beschützten die Aktenberge und Unrechtsgebirge der Staatssicherheit, deckten Unrecht, Willkür und Machtmissbrauch auf. Sie suchten demokratisches Miteinander und hofften, nicht den Sinn des Lebens zu verlieren. Den Unsinn aber auch nicht.

Erst die Aussicht auf ein unbebautes Feld, das für alle Bewegungen und Sehnsüchte jenseits politischer Spiele und der Gier nach mehr Geld und Besitz einfach da ist, hatte Potenzial genug, um die aktive streitbare Bevölkerung jenseits von Party, Arbeit, Lust und Laster in Aktion zu bringen.

Und so schaffte es ein Volksbegehren tatsächlich, diesen Raum für das Experiment »Das ganze Flugfeld bleibt offen und unbebaut« zu bewahren.

Fast über Nacht entstanden Hochbeete und Gartengemeinschaften. Das Gemüse, die Kräuter und selbst Beeren waren – und sind – für alle da. Im großen Ganzen funktioniert das gut. Es gibt auch hier, wie überall, Leute, die das einfachste System der Welt von Geben und Nehmen nicht akzeptieren und Schönes zerstören. Aber das Bedürfnis nach Wurzeln ist immer größer. Und so werden neue Tomaten und Sonnenblumen gesät und gegossen, geerntet und verspeist.

Als hätten sie nur darauf gewartet, dass was frei wird, ziehen immer mehr Feldlerchen auf den ehemaligen Flughafen. Es ist ein Erlebnis, ihrem Gesang zuzuhören und ihre Flugkünste zu beobachten.

Andere Tiere folgten. Woher wissen Vögel, Wildtiere, Insekten, wo sie Platz zum Leben finden?

Das Feld ist vielleicht ein Nabel vom Kreislauf des Lebens.

Und wie nennen wir dieses Juwel, dieses Wunder mitten in der Stadt? Kurze Zeit lang wurde es in den Stadtplänen »Tempelhofer Freiheit« benannt. Aber das geriet schnell in Vergessenheit. Es ist einfach »das Feld«, manchmal auch das »Tempelhofer Feld«.

Und dieses »das Feld« ist so berlinerisch wie nur was.

In anderen Städten würde dieser Ort eine angemessene Umrandung bekommen, vielleicht aus wildromantischen Hecken, imposanten Bäumen, duftenden Kletterrosen oder künstlerischen Steinmauern. Selbst eine hohe Stahlwand wäre denkbar, um die Wölfe abzuhalten.

In Berlin umschließt das Feld ein schlichter Maschendrahtzaun. Andere Länder würden so einem einmaligen Ort großartige Namen geben. »Perle des Nordostens« vielleicht. Oder »Das Herz der Stadt«. »Das zwölfte Weltwunder« oder »Wo der Himmel zu Hause ist«.

In Berlin ist es »das Tempelhofer Feld«, und diese unübertroffene Schlichtheit lässt alle prunkvollen Bezeichnungen und Namen verblassen.

Da stehe ich also vor der spektakulärsten Freifläche weit und breit und entdecke plötzlich etwas Dunkles, mir völlig Unbekanntes auf der anderen Straßenseite.

Schnell überquere ich die Straße und nähere mich. Ist es ein Haus? Es hat die Form eines Hauses, ist ganz aus rostigem Stahl. Zur Straße hin ist es geschlossen, aber hier, auf der Rückseite, sind drei leere Kammern, die man betreten kann. Ich stelle mich in eine. Über, unter und neben mir ist Enge, es ist beklemmend, dort zu stehen, trotz der offenen Front. In der Ecke am Boden liegen zwei ausgetretene Zigarettenstummel, winzige Spinnweben wehen mit meinem Atem. Ganz vorsichtig steige ich aus und streiche mit der Hand ein Mal um das ganze Gebäude herum. Es ist kalt. Ich klopfe mit den Fingerknöcheln an jede Wand. Dumpf ist der Ton, dumpf.

Jetzt entdecke ich eine weitere, einzeln stehende Wand.

Ausgeschnitten aus dem verrosteten Metall lese ich:

ERINNERN

ENTDECKEN

MAHNEN

Das Columbia-Haus war
ab 1933 Gefängnis und
vom 8.1.1935 bis zum 5.11.1936
ein Konzentrationslager der
nationalsozialistischen Machthaber
Hier wurden Menschen
gefangengehalten
entwürdigt
gefoltert
gemordet

Es ist ein Mahnmal für das Gefängnis und KZ Columbia, in dem hier, schräg gegenüber des Flughafens, mit grauenhafter Gründlichkeit die entmenschlichten Ziele des Nationalsozialismus durchgesetzt wurden.

Meine Blicke wandern über das Mahnmal. Über dem stilisierten Dach steht der weiße Radarturm, den die amerikanischen Alliierten 1982 zum Schutz des Luftraums im Kalten Krieg erbauten. Es ist ein typischer Ausschnitt für Berlin – das Vergangene und das Gegenwärtige gehören zur gleichen Zeit. Sie tragen die Last des Holocaust gemeinsam in die Zukunft. Sie mahnen und schützen vor dem Vergessen. Ihre Fundamente sind aus den gleichen Hoffnungen gegossen: Nie wieder!

Rund um den längst denkmalgeschützten Turm ist sehr viel Himmel. Die Freiheit hat so viele Gesichter. Hier, vor dem Mahnmal, bleibt der Blick auf das Tempelhofer Feld gegenüber am rostigen Eisen hängen. Wie nah friedliches Leben mit Folter und Haft verbunden liegt – wie viel Flehen die Luft hier fortgetragen hat.

Erschöpft lasse ich mich im nahen Bushäuschen nieder. Ich sehne mich nach einem starken Kaffee.

Der Bus kommt, hält, öffnet die Mitteltüren. Alle Plätze sind frei. Ich winke der Busfahrerin zu, setze mich ans Fenster. An der nächsten Station steigt ein Mann mit großer Sporttasche zu und setzt sich mir genau gegenüber.

»Muss das sein?«, denke ich und starre angestrengt weg von ihm.

»Guten Morgen. Entschuldigen Sie bitte, aber ich habe Sie gesehen und gleich gewusst: Da ist was zwischen uns! Finden Sie das aufdringlich?«

Egal, ob ich »Ja«, »Nein« sage oder gar nicht antworte – er wird es als eine Aufforderung zum Weitermachen verstehen. Und schon nestelt er an seiner Sporttasche und zieht ein rotes Nachthemd heraus.

»Haben Sie Interesse an einem guten Nebenverdienst? Ich suche ein Modell für schöne Wäsche, und Sie sind eine absolute Entdeckung.«

Er drapiert das Nachthemd auf seinen Knien. Es hat rundherum schwarze Spitze und hat Fäden gezogen. Es sieht deutlich getragen aus, eingetrocknete Schweißflecken beweisen die Qualität der Synthetik.

»Ich hab Sie schon von draußen gesehen und sofort gewusst: Sie haben dieses gewisse Extra!«

Er kramt weitere Sachen hervor. Ein paar Handschuhe, Netzstrümpfe, eine schwarze Reitgerte.

Ich bin nun tatsächlich interessiert – wie weit wird er gehen?

»Alles ganz diskret, schöne Fotos werden das, nichts, wofür du dich schämen musst.«

Er starrt mich an. Seine FFP2-Maske ist ganz ausgefranst und schmuddelig.

»Nun sag schon. Das gefällt dir doch, ich hab dafür einen Blick, ich sehe das. Schöne Sachen anziehen, fotografiert werden, ich kann natürlich auch dein Lover werden – du entscheidest.«

Der Bus hält, ein paar Menschen steigen zu, setzen sich.

Der Mann mir gegenüber rutscht näher. Seine Sporttasche klafft zwischen unseren Füßen.

»Reicht dir nicht, was! Du willst auch noch Kohle, richtig? Ihr Frauen kriegt den Hals nie voll. Also gut, du kannst dir was aussuchen. Nimm das Nachthemd, es gehört dir nach den Fotos. Oder willste das hier?«

Er kramt eifrig in seiner Tasche und holt dann eine Gerte hervor, reibt sie zwischen seinen Fingern.

Wie schade, dass ich keinen Hund dabeihabe. Der könnte ihm jetzt ausgiebig ans Bein pinkeln.

Ich stehe auf. Er glaubt an einen überraschenden Erfolg seiner Werbung, kann mir aber so schnell nicht folgen. Hastig packt er seine Ausrüstung in die Tasche. Ein kleiner feuchter Fleck breitet sich auf seiner Maske aus.

Ich frage mit Blick auf die anderen Fahrgäste in den Bus hinein: »Ist jemand von Ihnen interessiert an einem Job der besonderen Art? Möchte jemand von Ihnen ein Unterwäschemodell werden und sich vor seine Kamera stellen?«

Manche Blicke richten sich auf ihn, viele merken gar nicht, dass ich was gefragt habe. Damit hat er nicht gerechnet. Der Bus hält, die Türen öffnen sich, mehr Menschen steigen ein.

Die Busfahrerin dreht sich zu uns um: »Gibt es Probleme?«

Ich schaue den Mann fragend an: »Was meinen Sie? Gibt es Probleme?«

Er beginnt wild und schmutzig zu schimpfen. Eine dreckige Schlampe sei ich unter anderem.

Eine ältere Frau ruft durch den Bus: »Kennen Sie den?« Ich mache nur eine Kopfbewegung.

»Junger Mann, bitte verrichten Sie Ihre Geschäfte woanders«, sagt sie mit Nachdruck.

»Was ist nun, wollen wir hier Wurzeln schlagen?«, ruft die Busfahrerin ungeduldig.

Der Mann rempelt mich an, rüpelt sich an den Jugendlichen vorbei, steigt aus.

Wo wird er einen neuen Versuch starten? Gibt es Frauen, die ihm vertrauen und deren Zuneigung er mit Zuneigung erwidert? Ich wünsche es ihm und uns.

Und dann ist der 24. Februar 2022 und Krieg in der Ukraine. Nach den ersten grauenvollen Nachrichten und vielen atemlosen Stunden und Tagen vor dem Radio, Zeitungen und Bildschirmen setze ich mich in den Bus 100 und fahre zur Russischen Botschaft Unter den Linden. Die Atmosphäre in dieser Linie ist üblicherweise beschwingt und leicht. Dieser Bus fährt vor allem für die Touristen einmal quer durch Berlin, an den üblichen Sehenswürdigkeiten flott vorbei. Heute aber ist der Bus leerer als sonst, die Gespräche sind leiser.

Das breite Trottoir vor dem Botschaftsviertel ist abgesperrt und wird mit Mannschaftswagen der Polizei gesichert.

Der Boulevard Unter den Linden ist sechzig Meter breit, in der Mitte zwischen den Fahrbahnen bietet ein breiter Streifen Platz zum Flanieren unter Bäumen. Bänke laden zum Verweilen ein. An diesem Tag versammeln sich die Menschen vor der Russischen Botschaft. Es liegen schon Blumen dort auf der Erde, Kerzen wurden angezündet, handgemalte Plakate, Zettel, Briefe, Bilder zeugen von der hilflosen Furcht vor Krieg. Die ganze Welt weiß es: Es gibt keinen guten Krieg. Und in Berlin wissen es die Leute noch ein bisschen mehr, denn die Mauer ist zwar abgerissen und wird nach wie vor in Abertausenden »garantiert echten« Stückchen bemalter Betonkrümel verkauft, aber die Narben des Kalten Krieges stecken in der tiefen Seele der Stadt.

Ich schaue mir alles an, setze mich auf eine Bank und beobachte die Fenster des Botschaftsgebäudes, die Mienen der Polizisten und Polizistinnen, die Menschen, die kommen, bleiben, gehen. Der ganze Ort ist eingehüllt in Stille. Ein Mann zeigt allen einen Zettel: »Stoppt die Luftangriffe«, hat er in dicken Buchstaben geschrieben. Er wartet bei jedem Menschen auf ein Nicken, einen zustimmenden Blick.

Eine Frau ruft mit lauter Stimme »Stop the war!« in Richtung der Botschaft und verstummt dann wieder.

Ein junger Mann setzt sich zu mir auf die Bank. Wir schauen uns kurz an. Ich frage ihn, etwas hölzern: »Was berührt und bewegt dich?«

Er sei heute den ersten Tag in Berlin, ein Praktikum liege vor ihm, erzählt er und überlegt.

»Am eindrücklichsten sind die vielen Menschen. Überall sind Menschen. Das hatte ich mir so nicht vorgestellt. Sogar hier, so viele Menschen, die hierhergekommen sind. Und es kommen ja immer noch mehr.«

»Und warum bist du hierhergekommen an deinem ersten Tag?«

»Ich habe Angst, was passiert.«

Ein Auto fährt in Zeitlupentempo vorbei, am Steuer ein Mann. Alle Fenster sind heruntergekurbelt, und aus Lautsprechern ertönt ein russisches Heldenlied. Er hupt dazu und hebt den Arm. Doch weder der Krach noch die offensichtliche Provokation kann die Konzentration der Trauernden durchbrechen.

Er fährt davon.

Die Stille bleibt.

MÄRZ

Ungeduld ist eine Zier,
doch weiter kommt man ohne ihr

M19 – Göbenstraße / verkehrter Verkehr

Ich haste über die Ampel, immer mit dem Blick auf die Straße, denn jetzt gleich wird laut Fahrplan mein Bus kommen.

Zehn Minuten später gucke ich noch immer in die Richtung, aus der er kommen sollte.

Mit mir an der Haltestelle starren eine Frau mit Kindern, ein Mann mit schlechter Laune im Gesicht, ein paar Touristen und eine ungewöhnlich schön gekleidete Dame. An ihr bleibt mein Blick hängen. Die Frau trägt ihre Haare kunstvoll hochgesteckt und um den Hals eine funkelnde Kette. Aber das Schönste an ihr sind ihre Augen. Große, verschiedenfarbige Augen gucken mich an.

»Warten Sie schon lange?«, frage ich und kann gar nicht genug bekommen von ihrer Ausstrahlung.

»Und ob! Ich warte jetzt schon seit drei Stunden.«

Das verblüfft mich sehr.

»Drei Stunden?«

Sie zeigt mir das Ziffernblatt ihrer mit funkelnden Steinen besetzten Armbanduhr. Ihre Hände sind ganz zart und schmal: »Genau drei Stunden sind es jetzt. Ich bin zum Kaffee verabredet mit meiner Freundin.«

Ich bin etwas verunsichert, kann das stimmen?

»Aber warum kommt denn der Bus nicht? Ist irgendwas los in

der Stadt? Ich weiß von nichts, gibt es vielleicht eine Demo oder einen Unfall?«

Ein Blick auf den Fahrplan bestätigt, was alle schon wissen: Diese Linie fährt an allen Tagen und also auch heute, am Sonntag, regelmäßig alle paar Minuten.

Die anderen Wartenden zucken mit den Schultern oder gucken angestrengt woandershin.

Die Frau mit den Kindern setzt sich in Bewegung: »Da kann man nichts machen, wenn der Bus nicht kommt, müssen wir halt wieder nach Hause.«

Die Kinder protestieren, sie sehen die Langeweile eines nicht enden wollenden Nachmittags in der Wohnung auf sich zukommen.

Die Touristen wollen jetzt auch was sagen – entscheiden sich aber dann doch dagegen, schließen Münder und Taschen und gehen erst ein paar Schritte links lang, dann kehren sie um, laufen jetzt rechts die Straße hinunter und haben immer noch nichts zu erzählen, nichts erlebt und nichts gesehen.

Die schöne Frau mit den verschiedenfarbigen Augen, eines ist ganz nachtblau, das andere schimmert grüngrau, kann das nicht verstehen: »Irgendwann wird der Bus schon kommen. Man muss nur etwas Geduld haben.«

Ich schaue sie bewundernd an: »Wird Ihre Freundin sich denn keine Sorgen machen?«

»Ich gehe immer zeitig los, das ist so eine Gewohnheit von früher. Man kann ja nie sicher wissen, wann man ankommt. Und unterwegs gibt es ständig was zu tun, ich komme nie zu früh, verstehen Sie. Mir macht das nichts, ich warte noch bis vier, dann nehme ich ein Taxi.«

Was für eine Ausdauer! Was für ein Leben sie zu dieser willensstarken, sturen Frau gemacht haben mag. Sie ist mindestens 80 Jahre alt.

Wir starren vor uns hin. Drehen die Köpfe beschwörend in die Richtung, aus der der Bus kommen wird. Wenn Blicke Busse holen könnten. Diese Hoffnung hört ja nie auf. Wer raucht, zündet sich eine Zigarette an, denn die ungeschriebene Regel lautet: Kaum brennt der Stängel, kommt zuverlässig der Bus.

Ich wäre ja selbst längst weitergegangen, zur U-Bahn, aber diese Frau ist so beeindruckend.

»Als kleines Kind stand ich auch mal an einer Bushaltestelle. Es hat Strippen geregnet. Aber damals kam der Bus pünktlich, und ich bin eingestiegen.«

Sie schaut genau an mir vorbei und erzählt dann weiter.

»Mit mir stand noch so eine Kleine da und rührte sich nicht. Der Busfahrer guckte sie lange an und meinte dann: ›Na, komm schon rein, du kleine Sternschnuppe. Für dich ist auch noch Platz in meinem Bus.‹«

Eine Taube trippelt hinter uns herum.

»Die Kleine hatte den gelben Stern am Mantel. Juden durften damals nicht mit dem Bus fahren, wissen Sie. Aber dem Busfahrer war das egal.«

Die Taube trippelt und pickt, dabei ist da nur Staub. Eine weitere Taube kommt angeflogen und landet ungeschickt. Sie trippeln und picken und gurren miteinander. Ob sie Verwandte sind, die sich lange nicht gesehen haben?

Fünf Jugendliche laufen zur Haltestelle.

»Ist der Bus schon weg?«, fragen sie.

»Hier kommt heute kein Bus«, antwortet eine erschöpfte Mutter, der Vater schüttelt wortlos den Kopf und schiebt den Kinderwagen weiter.

»Jetzt müssen wir die U-Bahn nehmen, und der Aufzug ist natürlich kaputt.«

Die Jugendlichen holen ihre Smartphones aus den Taschen und

berichten wenige Sekunden später, dass wegen einer Sportveranstaltung bis circa 18 Uhr auf dieser Strecke keine Busse führen.

Das hätte ich auch machen können, fällt mir ein.

Die schöne alte Frau lächelt dezent. Sie wirft mir einen letzten Blick zu, ihre Augen kennen keine Zeit. Einer Diva gleich geht sie in Schuhen aus schwarzem Samt bis zur nächsten Kreuzung. Mit elegantem Schwung winkt sie einem Taxi, steigt ein und fährt davon. Ihre Freundin wird den Kaffee frisch aufbrühen, wenn sie da ist. Zeit zu haben, ist ihr gemeinsamer Luxus.

Die Tauben fliegen plötzlich auf, flattern mit wildem Flügelschlag davon.

Ich schaue ihnen nach.

Was für ein Glück, so nebenbei von stillem Widerstand unter aller Augen zu erfahren, einen alltäglichen Blick ins dunkle Damals geschenkt zu bekommen.

Weil nun wirklich kein Bus fährt, trotte ich entlang der Linienführung mitten auf der leeren Straße bis zu einer riesigen Kreuzung, an der das lärmende Durcheinander von Autos, Lkws, Motorrädern, Fahrrädern, Pedelecs auf der sechsspurigen Straße wieder rollt. Was für ein Kontrast zur Stille und zum Stillstand an der Haltestelle.

Was ist das nur für eine verrückte Stadt, in der Schönheit und Dreck nebeneinander bestehen, in der Vergangenheit und Zukunft immer miteinander die Gegenwart gestalten.

In Berlin geht man nicht einfach über die Straße, es ist ein durchaus komplizierter Vorgang, je mehr Spuren eine Straße hat, umso schwerer ist es für Fußgängerinnen und Fußgänger, die Seiten zu wechseln. Die Ampeln sind sekundenkurz getaktet, alles ist darauf ausgerichtet, den Autoverkehr fließend zu halten. Dass Menschen partout zu Fuß gehen wollen, ist eigentlich nicht vorgesehen. Um es so unbequem wie möglich zu gestalten, sind an vielen Kreuzungen sogenannte Bettelampeln installiert. Erst muss ein Knopf am Ampelmast gedrückt werden, damit das Warten auf Grün beginnen kann.

Sobald eine Straße mehr als zwei Spuren hat, wird es aufregend. Schon das Anstehen am Straßenrand ist herausfordernd, denn meist ist der Platz vor der Ampel für Fußgängerinnen und Fußgänger eng bemessen, Fahrradwege und parkende Autos nehmen zusätzliche Sicherheit.

Schnell stehen viele Wartende an der Ampel, jeder versucht, eine möglichst gute Startposition zu ergattern. Der Autoverkehr braust und lärmt, dann ein letztes Aufbäumen, Gaspedale werden durchgedrückt, schnell noch bei Hellrot über die Kreuzung, Nachzügler rasen noch bei Dunkelrot.

Diese Sekunden sind am gefährlichsten. Geübte Leute wissen, dass ein grünes Ampellicht nicht automatisch eine freie Fahrbahn bedeutet. Alle Köpfe gucken also erst noch mal nach links, bevor das Gerenne losgeht.

Auf der winzigen Mittelinsel trifft man sich wieder, denn schon sind die Ampeln auf Rot gesprungen, schon fahren alle Pkws an, sausen jetzt von vorne und von hinten wenige Zentimeter um einen herum. Wer große Füße hat, steht mit den Zehen und Fersen fast auf dem Fahrdamm und muss zusätzlich achtgeben. Komfort fährt nur vorbei, bequeme Sessel mit Sitzheizung, Regenschutz, Kaffeebecherhalter haben nur die anderen. Man steht und hofft auf die trügerische Immunität dieses Inselchen. Viel zu viele Menschen drängen sich zusammen, schubsen, halten sich zurück. Sehr kurze Gespräche entstehen.

»Schon wieder Rot. Das ist echt eine Frechheit.«

»Ich schaffe es nie bei Grün über die Straße.«

»Wie auch, wir können schließlich nicht fliegen.«

Nirgends entsteht schneller Einigkeit zwischen Fremden als unter Fußgängerinnen und Fußgängern auf einer Mittelinsel. Es wird deftig gemeckert, aber auch herzhaft gelacht. Man trifft sich nie wieder und kann großzügig über alle gesellschaftlichen Schranken hinwegsehen.

Und alle zählen die Minuten. Und alle wollen weiter.

Wer auf einen Rollator angewiesen ist oder einen Kinderwagen schiebt, hat das steile Mittelinselufer noch lange nicht erreicht. Die langsamen Schritte dieser Menschen werden aus den Autos heraus gnadenlos beschimpft. Es wird gehupt und mit aufheulenden Motoren erschreckt und gedrängelt, so will es das ungeschriebene Gesetz der Straße. Die Ampelphasen nehmen keine Rücksicht auf kaputte Hüften, gebrochene Beine, müde Knochen. Die ständige Angst, angefahren zu werden, es diesmal nicht zu schaffen, treibt mir stellvertretend die Wut ins Gesicht.

Auch Schwangere, vielleicht sogar schon Mütter und auch manche Väter mit kleinen Kindern an der Hand oder im Buggy, werden rücksichtslos beschimpft aus den Seitenfenstern der Ungeduld. Wer im Auto sitzt, verliert jedes Gefühl für die Zeit. Schnell muss es gehen, schnell müssen sie laufen, denn ein Wagen will fahren. Die Berliner Verkehrspolitik unterstützt diese Rücksichtslosigkeit.

Die Zeit läuft für Menschen hinter Lenkrädern zehnmal schneller davon. Langsame Menschen zu Fuß verstehen das einfach nicht.

Kleinkinder lernen, kaum können sie auf ihren eigenen Beinen stehen und gehen, die unbedingte Rücksichtnahme auf Autos. »Pass auf, guck nach allen Seiten, laufe niemals einfach auf die Straße, und fasse das Auto nicht an.« Sie werden in Warnwesten verpackt, mit Katzenaugenanhängern verschnürt, mit blinkenden Mützen ausgestattet und bekommen Tag für Tag die gleiche Lektion eingetrichtert: Pass auf die Autos auf!

Kindergartengruppen werden gar mit Seilen gesichert, an denen sich die Kleinen unablässig festhalten müssen.

In der dunklen Jahreszeit bekommen sie zusätzliche Lichterketten oder reflektierende Geschirre umgehängt. Ausnahmslos alle Erwachsenen kennen die Litanei auswendig, und ausnahmslos jedes Kind hört sie ohne Unterlass.

Die Schwächsten müssen also sehr gut achtgeben auf die Stärksten im Verkehr. Ihre Aufgabe ist es, den Autoverkehr zu respektieren und zu schützen.

Was für eine wohltuende Abwechslung ist da jede Fahrt mit dem Bus für die Kinder. Im Bus können sie sich von dieser immensen Aufgabe erholen und dürfen ausruhen.

Kein Wunder, dass Kinder im Bus oft müde werden.

Würden Erwachsene sich vor dem Überqueren einer großen Straße mal in die Perspektive eines Kindes versetzen, auf einer Mittelinsel auf erneutes Grün warten, sie wären sehr erschrocken, was den Kleinen zugemutet wird.

Während nun also alle Fußgängerinnen und Fußgänger eng an eng auf der Mittelinsel auf die nächste grüne Ampel warten, fährt der lang ersehnte Bus an uns vorbei, hält, lässt die Fahrgäste ein- und aussteigen, ordnet sich wieder in den Verkehr ein und zeigt uns nur noch seine breite Rückseite. Termine und Pläne verschieben sich, das Verständnis für schlechte Launen auch.

Kommt nun noch extreme Hitze, starker Regen oder Sturm dazu, was in Berlin öfter der Fall ist, ist das Vorhaben, unbeschadet über den Damm zu kommen, komplett dahin.

Während andere Leute viel Geld für Abenteuerurlaube ausgeben, steigt der Adrenalinspiegel für Menschen außerhalb eines Autos kostenlos gleich mehrmals am Tag. Ungewöhnlich nur, dass nicht schon längst jemand den Service »Ich gehe für Sie über die Straße, pro Spur zehn Cent bis ein Euro. Daueraufträge und Sonderwünsche werden gerne angenommen« anbietet.

Auch gemütliche Rikschas, die für eine kleine Spende ihre Kund-